Maigret tend un piège

*Roman policier adapté en français facile
par Charles MILOU*

HACHETTE
58, rue Jean Bleuzen
92170 VANVES

CARTE D'IDENTITÉ

Titre	Maigret tend un piège.
Auteur	Georges Simenon
Série	Récits
Age des lecteurs	A partir de 12 ans
Nombre de mots	Environ 3 500

ISBN 2.01.002438.9

© *Librairie Hachette*, 1973.

La Loi du 11 mars 1957 n'autorisant, aux termes des alinéas 2 et 3 de l'Article 41, d'une part, que les « copies ou reproductions strictement réservées à l'usage privé du copiste et non destinées à une utilisation collective », et, d'autre part, que les analyses et courtes citations dans un but d'exemple et d'illustration, « toute représentation ou reproduction intégrale, ou partielle, faite sans le consentement de l'auteur ou de ses ayants droit ou ayants cause, est illicite » (alinéa 1er de l'Article 40).

Cette représentation ou reproduction, par quelque procédé que ce soit, constituerait donc une contrefaçon sanctionnée par les Articles 425 et suivants du Code pénal.

Qui est Maigret ?

Maigret est devenu, d'année en année, à travers plus de cent romans policiers, un personnage aussi connu que Sherlock Holmes.

Quand l'écrivain belge Simenon a donné pour la première fois le nom de Maigret à un jeune commissaire* de police français (on dit maintenant officier de police), a-t-il pensé au bel avenir qu'il allait avoir ? Seul Simenon pourrait le dire. Mais aujourd'hui Maigret est vivant, et bien vivant, dans l'esprit d'une foule de lecteurs.

Où est-il né ? L'Affaire Saint-Fiacre *nous l'apprend : dans un petit village du Centre de la France ; à quelques kilomètres de la ville de Moulins. Son père était régisseur* au château de Saint-Fiacre. Auprès de ce père, Maigret apprendra l'honnêteté et l'amour du travail bien fait.*

Maigret aurait voulu devenir docteur. Mais, en ce temps-là, les études coûtaient cher ; il sera fonctionnaire dans la police. Nommé commissaire à Paris, il deviendra bientôt célèbre. Les journalistes connaissent son bureau du quai des Orfèvres car, bien sûr, toutes les affaires difficiles sont pour lui. Et chaque fois, ou presque, il trouvera la solution.

Solide, large d'épaules, toujours calme, il a gardé les qualités du paysan français : dur au travail, sérieux, honnête. Un seul petit défaut : la pipe ou plutôt les pipes, car il en a plusieurs, qu'il remplit avec soin, d'un geste lent et appliqué. Maigret vous le dirait : dans les moments difficiles, une bonne pipe de tabac gris, ça aide à réfléchir !

Maigret n'est pas seul dans la vie : il y a Mme Maigret, une femme excellente, pleine de qualités ; toujours inquiète pour son mari — bien sûr, il fait un métier si dangereux ! Mais elle cache son inquiétude. Elle suit, de loin, les affaires de son mari, sans poser de questions : une femme de policier ne doit pas être curieuse. Patiente, dévouée, voilà Mme Maigret. Ah ! nous allions oublier : c'est une excellente cuisinière comme beaucoup de femmes françaises...

Nous l'avons dit, Maigret réussit toujours ou presque. Pourquoi ? Ce n'est pas un James Bond, un policier de cinéma, un spécialiste du coup de feu ; il n'a presque jamais d'arme sur lui. Non, Maigret réfléchit et comprend. Son grand secret, c'est de savoir retrouver les sentiments, les pensées de l'homme qui a commis un crime. Un mot, un regard, un mouvement lui disent plus que des pages et des pages de notes ou de rapports. Il se met, par la pensée, à la place du criminel. Il étudie son passé, ses habitudes, ses qualités et ses défauts et, souvent, le force à dire la vérité alors qu'il n'y a pas encore de vraies preuves contre lui.

Ajoutons enfin que Maigret est un patron, le « patron » comme disent ses agents, qui ont pour lui une grande admiration. Et aussi que Maigret travaille en équipe : il a partout des camarades qui sont prêts à l'aider et à le suivre, les Lognon, les Janvier, toujours d'accord pour partager ses peines et ses risques.

Maigret est-il heureux ? Disons qu'il aime son métier et qu'il aime réussir. Mais il reste modeste et la méchanceté des hommes ou leur folie lui remplissent le cœur de tristesse. Car Maigret a bon cœur ; il a souvent autant de pitié pour le coupable que pour la victime. C'est sans doute ce côté humain de son personnage qui le rend si sympathique aux yeux des lecteurs, et explique, pour une bonne part, son très grand succès.

Charles MILOU.

Des journalistes très curieux...*

On était le 4 août. Le commissaire Maigret avait ouvert toutes les fenêtres de son bureau. Mais l'air du dehors était aussi chaud que l'air de la pièce où le commissaire travaillait.

Quel été ! Maintenant, Maigret enlevait veste et cravate.

Son ami, le commissaire Janvier, faisait de même. Mais un autre de leurs collègues*, Lognon, avait, lui, gardé sa cravate — une très belle cravate rouge — et portait un étonnant chapeau de paille. Jamais on n'avait vu Lognon habillé ainsi ; alors, quoi, à la Police* judiciaire, c'était un peu les vacances ?

Hélas ! Les vacances ! c'était pour les autres, ceux qui avaient la chance d'aller au bord de la mer et de pouvoir se baigner dans l'eau fraîche...

Maigret poussa la porte du bureau voisin et demanda :

« Est-ce que Baron, le journaliste, est là ?
— Depuis une demi-heure, patron.
— Pas d'autres journalistes ?
— Le petit Rougin vient d'arriver.
— Pas de photographes ?
— Un seul. »

Ces trois personnes, Maigret savait qu'elles viendraient. Non pas devant son bureau, mais devant le bureau de son collègue Bodart.

Car Bodart allait interroger*, dans un moment, un voleur dont on avait beaucoup parlé dans les journaux : Bénat.

C'est Maigret qui avait demandé à Bodart d'interroger Bénat. Car, pour voir Bénat, les journalistes viendraient. Et Maigret avait besoin que les journalistes soient là...

Bénat, entre deux policiers, venait d'entrer chez Bodart. Quelques minutes après, on vit arriver deux autres policiers ; ils poussaient devant eux un homme assez jeune qui cachait son visage derrière son chapeau...

Déjà, les trois journalistes quittaient le bureau de Bodart et couraient vers celui de Maigret.

« Qui est-ce ? demandèrent-ils. C'est pour Maigret ? »

Ces journalistes connaissaient très bien les hommes de la police parisienne, ils avaient tout de suite pensé à une grosse affaire en voyant deux policiers du quartier Montmartre amener un suspect* chez Maigret.

Ils continuaient d'interroger Lognon :

« C'est pour l'assassin* ? Celui qui a tué cinq femmes dans le quartier de Montmartre ?

— Je ne peux rien dire.

— Pourquoi ?

— Ce sont les ordres du patron.

— Mais cet homme, d'où venait-il ? Où l'avez-vous arrêté* ?

— Demandez au commissaire Maigret.

— C'est peut-être l'assassin ?

— Je vous dis que je ne sais pas. »

Le commissaire Lognon s'en alla, avec l'air de dire : « Comprenez-moi, je voudrais bien dire quelque chose, mais je ne peux pas... »

Maintenant, ils étaient cinq journalistes et photographes qui attendaient au bout du couloir.

Maigret sortit à son tour, entra dans le bureau du chef, avec le regard de quelqu'un qui fait un travail important et difficile.

Quand il ressortit, les journalistes étaient toujours là.

« Dites-nous, au moins, si c'est pour les crimes* de Montmartre ?

— Je n'ai rien à dire pour le moment. »

A leur tour, plusieurs fois, Lognon et Janvier sortirent du bureau de Maigret et entrèrent chez le grand patron.

« C'est sûrement une affaire sérieuse », dit un des journalistes.

A ce moment, une jeune femme s'avança dans le couloir ; une journaliste, elle aussi.

« Tiens ! voilà Maguy, qu'est-ce que tu viens faire ici ?

7

— La même chose que vous.
— Mais quoi ?
— Attendre. Combien sont-ils là-dedans ? demanda-t-elle en montrant le bureau de Maigret.
— Cinq ou six. On ne peut pas les compter, ça entre et ça sort tout le temps.
— Alors, c'est très sérieux, très important ?
— Très ; ils ont fait venir de la bière*, du pain et de la viande froide.
— Ils sont là jusqu'à demain !
— L'homme arrêté, vous l'avez vu ?
— Oui, mais pas son visage. Il se cachait derrière son chapeau.
— Jeune ?
— Ni jeune, ni vieux ; trente ans, peut-être. »
Maintenant, ils étaient cinq journalistes et photographes qui attendaient au bout du couloir*.

A huit heures et demie du soir, Maigret sortit de son bureau les cheveux mouillés de sueur*, l'air fatigué. Il fit deux pas vers les journalistes, puis, comme quelqu'un qui change d'idée, revint dans son bureau.

« Il a chaud, dit Maguy.
— Celui qui est assis en face de lui doit avoir encore plus chaud », ajouta Baron.

La nuit était venue. Les journalistes s'étaient assis autour d'une table et jouaient aux cartes*. Un employé avait ouvert toutes les fenêtres ; de temps en temps un peu d'air arrivait jusqu'aux joueurs.

Enfin, à onze heures du soir, on entendit un bruit de chaises dans le bureau de Maigret.

Tous les journalistes s'étaient levés. La porte s'ouvrit ; le commissaire Janvier sortit le premier, suivi du suspect, le visage toujours caché derrière son chapeau. Maintenant, les photographes entouraient les trois hommes et prenaient photos sur photos. Un moment, Maguy fit tomber le chapeau, mais l'homme mit ses deux mains devant son visage et les deux commissaires, qui l'avaient pris sous les bras, se dépêchèrent de sortir.

Maigret était rentré dans son bureau, suivi des journalistes.

Quel bureau ! Partout des bouteilles vides, des verres, des papiers déchirés, des bouts de cigarettes dans tous les coins...

Maigret, qui venait de se laver les mains, remettait sa veste et sa cravate.

« Alors, Commissaire, vous allez bien nous dire quelque chose ? »

Maigret les regarda avec les gros yeux qu'il avait toujours dans ces moments-là, et qui semblaient regarder les gens sans les voir.

« Qui est-ce, Commissaire ?
— Qui ?
— L'homme qui sort d'ici.
— Quelqu'un avec qui j'ai beaucoup parlé.
— Un suspect, quelqu'un qui a vu l'assassin de Montmartre ?
— Je n'ai rien à dire.
— Vous l'avez mis en prison* ?
— Messieurs, je voudrais vous faire plaisir, mais cette fois je ne peux rien vous dire.
— Vous nous direz quelque chose demain ?
— Je ne sais pas ; peut-être.
— Vous allez voir le juge ?
— Pas ce soir ; quelle heure est-il ?
— Onze heures et demie.

— Bon, le restaurant du « Dauphin » est encore ouvert ; je vais aller manger un morceau. »

Tout le monde sortit ; Maigret, Janvier et Lognon entrèrent au restaurant. Les journalistes, qui les avaient suivis, s'arrêtèrent au bar* pour prendre un café. De temps en temps, ils jetaient un regard vers les trois policiers qui parlaient à voix basse, l'air sérieux.

Quand ils furent partis, tout changea. Maigret, le premier, releva la tête ; un sourire très gai, très jeune, monta à ses lèvres.

« Et voilà ! la plaisanterie* est finie. »

Janvier dit :

« Je crois que nous avons très bien joué la comédie*. Mais qu'est-ce qu'ils vont écrire ?

— Je n'en sais rien, mais ils écriront sûrement quelque chose, et quelque chose de très bien, de très étonnant, vous verrez.

— Et s'ils voient qu'on les a trompés ?

— Il ne faut pas qu'ils le voient. Pas tout de suite. Demain, la comédie continue. J'espère que vous n'avez rien dit à personne ?

— A personne. »

Il était minuit et demi quand Maigret rentra chez lui. Il aimait bien marcher à pied. Plusieurs fois, il avait rencontré des femmes seules : chaque fois, il avait vu la peur au fond de leur regard.

C'est que, depuis six mois, cinq femmes qui, comme elles, rentraient à la maison, ou allaient chez une amie, cinq femmes qui marchaient, seules, dans les rues de Paris, avaient été assassinées.

Chose étonnante, les cinq femmes avaient toutes été tuées dans le même endroit de Paris : à Montmartre.

Ces cinq crimes, Maigret les connaissait mieux que personne : il savait tout sur l'endroit, sur l'heure,

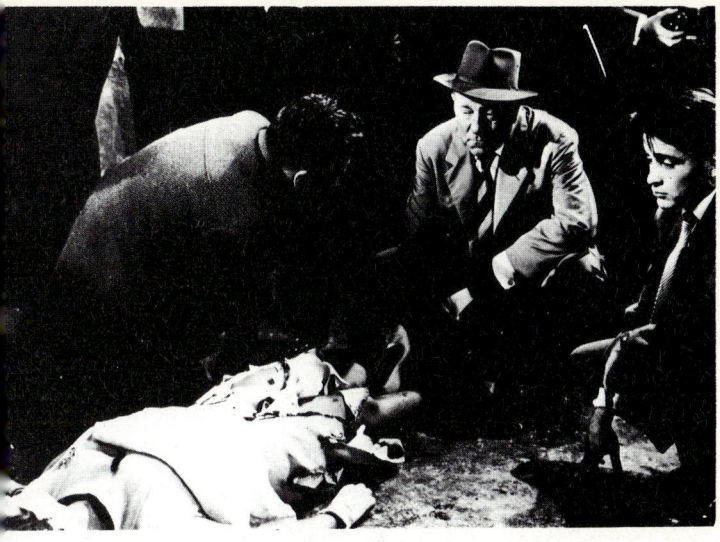

... depuis six mois, cinq femmes avaient été assassinées dans les rues de Paris.

l'âge des victimes*, leur métier, leurs vêtements, leurs habitudes. Cent fois, il avait pensé et repensé à toutes ces choses.

L'assassin « travaillait » toujours de la même façon : un ou deux coups de couteau dans le dos ; vêtements de la victime déchirés en plusieurs endroits. Et rien de plus, pas de vol.

Un fou, pensa Maigret.

Mais un fou très adroit. Tout de suite après le deuxième crime on avait doublé le nombre des policiers ; toutes les nuits, des agents allaient, venaient, surveillaient* chaque rue de Montmartre. Mais l'assassin ne se laissait pas prendre.

Mme Maigret avait entendu les pas de son mari dans l'escalier. Elle ouvrit la porte.

« Tu es fatigué ?
— Il a fait chaud.

— Toujours rien sur l'assassin ?
— Toujours rien.
— J'ai entendu, à la radio, que vous aviez longuement interrogé un suspect...
— Déjà !
— On dit que c'est pour l'affaire de Montmartre : c'est vrai ?
— Oui et non. »

Elle ne demanda rien de plus. Une femme de policier ne doit jamais être curieuse. A chacun son métier.

Un peu plus tard, tous les deux dormaient, la fenêtre grande ouverte.

Il arriva le lendemain à neuf heures à son bureau sans avoir eu le temps de lire les journaux. Le téléphone sonna. Dès les premiers mots, il sut qui l'appelait.

« Maigret ?
— Oui, monsieur le Juge.
— Tout cela est vrai ?
— De quoi parlez-vous ?
— De ce que disent les journaux.
— Je ne les ai pas encore lus.
— Vous avez arrêté quelqu'un ?
— Pas du tout.
— Je ne comprends rien à cette histoire ; c'est moi qui m'occupe de l'affaire des cinq crimes de Montmartre, vous semblez l'oublier. J'aimerais vous voir.
— J'arrive, monsieur le Juge... »

Le juge Coméliau l'attendait. Et on voyait qu'il n'était pas très content...

« Tenez, lisez... »

Un des journaux disait :
La police tient-elle enfin l'assassin ?
Un autre :
Long interrogatoire à la Police judiciaire
Est-ce le criminel* de Montmartre ?

« Je vous fais remarquer, commissaire, que j'étais hier à mon bureau : j'y suis resté toute la journée. Et nous avons, vous et moi, le téléphone. Pourquoi ne m'avez-vous rien dit, puisqu'il se passe* des choses aussi importantes ?

— Mais il ne se passe rien.

— Et ce que je lis dans ces journaux ?

— Les journalistes écrivent ce qu'ils veulent.

— Et cet homme que vous avez interrogé pendant six heures ?

— Je n'ai interrogé personne.

— Mais enfin, expliquez-vous !

— Une personne est venue me voir, hier, c'est vrai.

— Un suspect ?

— Un ami.

— Et pendant six heures vous avez parlé à votre ami !

— Le temps passe vite.

— Qui est cet homme ?

— Un très gentil garçon du nom de Mazet. Il a travaillé avec moi, voici dix ans. Il a voulu voir des pays étrangers, changer de vie. Il est parti pour l'Afrique. Et le voilà revenu.

— Et c'est pour lui que vous faites cette comédie à la Police judiciaire ? »

Maigret se leva, ouvrit la porte, vit que personne ne les écoutait et expliqua :

« Oui, j'avais besoin d'un homme qui ne soit pas connu, et qui voudrait bien jouer dans notre petite comédie le rôle* de l'assassin. Et il l'a très bien joué.
— Vous auriez pu m'en parler.
— Non, monsieur le Juge. J'essaie quelque chose ; si ça ne va pas, je ne veux pas que vous soyez inquiété*. Je prends tout sur moi.
— Qu'est-ce que vous croyez ? Que le vrai criminel va recommencer pour vous montrer qu'il est toujours là et que la police s'est trompée ?
— Oui.
— C'est une idée à vous ?
— Oui et non. »

Les idées du professeur Tissot

Depuis bien des années, Maigret et sa femme avaient l'habitude d'aller, une fois par mois, dîner chez leur ami, le docteur Pardon.

Ces dîners étaient très agréables. Le docteur Pardon faisait toujours venir, en même temps que Maigret, une personne importante, souvent un docteur comme lui.

Parfois, ces personnes, célèbres* dans leur métier, avaient entendu parler de Maigret, célèbre lui aussi, dans les affaires criminelles. Ils avaient envie de le connaître, de lui poser des questions sur son métier et sur les grands criminels.

Ces rencontres avec des médecins plaisaient à Maigret. Il avait voulu, quand il était jeune, devenir médecin ; mais les études coûtaient cher et ses parents étaient pauvres. Il est vrai que les criminels sont souvent aussi des malades et qu'ils tuent poussés par une sorte de folie.

Ce soir-là, le docteur Pardon avait fait venir le professeur Tissot, célèbre médecin psychiatre*.

Ils parlèrent d'abord de choses et d'autres, puis le professeur dit à Maigret :

« Vous avez un terrible métier, la vie des honnêtes gens est un peu entre vos mains ; un criminel arrêté trop tard, et c'est un crime de plus. »

Maigret comprit que le professeur pensait à l'affaire Montmartre. Et le professeur avait raison : c'était une terrible affaire. Il ne fallait pas seulement punir un assassin : il fallait *avant tout* empêcher qu'il tue encore. Cinq femmes étaient mortes. Et ce n'était sans doute pas fini.

Mais que faisait la police ? Elle avait fait tout ce qu'elle pouvait, nous l'avons dit. C'est que l'assassin n'était pas un criminel comme les autres ; un demi-fou, sans doute, mais très intelligent.

« Je connais ces sortes de malades, dit le professeur, celui-là ne se laissera pas prendre facilement. Ah ! je ne voudrais pas être à votre place ! Les gens s'inquiètent, les journaux racontent n'importe quoi, vos chefs donnent des ordres, et puis les changent : aujourd'hui on fait ceci et demain on fait le contraire : c'est bien ça ?

— Exactement ça, dit Maigret.

... le professeur Tissot avait raison : c'était une terrible affaire.

— Je pense que vous avez noté* tout ce qui était semblable* dans ces cinq crimes ?
— C'est la première chose que doit faire un policier, professeur, et je l'ai fait.
— Et quelle est votre remarque la plus importante ? »

Maigret fut étonné de cette question ; d'habitude, c'est lui qui posait les questions, pas les autres. Mais on parlait entre amis, et puisque cette affaire intéressait tellement le professeur, Maigret répondit :

« La chose à noter d'abord, c'est que toutes les victimes sont des femmes, habillées assez simplement, pas très grandes. Mais nous avons noté beaucoup d'autres choses. »

On arrivait à la fin du repas, Mme Pardon servait le café.

« Bien sûr, continua le professeur, l'heure par exemple. »

On voyait qu'il connaissait bien l'affaire ; il avait dû lire avec soin toutes les informations* que donnaient les journaux.

« L'heure, en effet. Le premier crime a été commis* à huit heures du soir, au mois de février. il faisait nuit. La victime du 3 mars a été tuée quinze à vingt minutes plus tard. Et les autres crimes ont été commis à des heures de plus en plus tardives. Le dernier, en juillet, quelques minutes avant dix heures du soir. On voit très bien que l'assassin attend, chaque fois, que la nuit soit venue.

— Et les dates* ?
— Elles sont toutes là, dans ma tête, et je les ai étudiées vingt fois, pour voir si l'assassin avait un plan*, s'il suivait une idée. J'ai d'abord pensé à la lune, quand elle est dans son plein.

— Les gens croient beaucoup que la lune a une action* sur les plantes, les animaux, et même les hommes.

— Et vous, vous y croyez, professeur ?
— Comme médecin, non.
— Et comme homme ?
— Eh bien, je ne sais pas... peut-être...
— De tout façon, l'explication n'est pas bonne ici. Deux crimes sur cinq seulement ont été commis des soirs de pleine lune. J'ai aussi pensé au jour de la semaine : il y a des gens qui boivent toujours un peu plus d'alcool le samedi, ou le lundi, qui est un jour triste. Mais ceci ne donne rien non plus ; l'assassin frappe n'importe quel jour de la semaine.

« Autre chose, dit Maigret : le quartier ; tout se passe dans quelques rues du quartier de Montmartre. Il est sûr que l'assassin a une grande habitude du quartier. Il connaît les endroits éclairés, et ceux qui ne le sont pas, et aussi toutes les petites rues par où il peut s'échapper après avoir tué. C'est pour ça que nous n'avons jamais pu le prendre, et même que personne ne l'a jamais vu !

— Je croyais que les journaux disaient le contraire.

— Ils disent n'importe quoi. Nous avons tout contrôlé*. Tenez, la dame du premier étage, rue Rachel, celle qui donne le plus d'informations : un homme grand, maigre, avec un manteau jaune, et un chapeau gris baissé sur les yeux... D'abord, c'est ce que nous racontent neuf personnes sur dix, dans ces sortes d'affaires. Les gens ne voient pas, ils *croient* voir. Ensuite, nous sommes allés chez elle : de sa fenêtre, il n'est pas possible de voir l'endroit du crime ! Pour le petit garçon qui, lui, a bien vu quelqu'un, il n'a pas pu se rappeler et il n'a presque rien dit. Ce qui est certain, encore une fois, c'est que l'homme connaît très bien le quartier. Beaucoup disent même qu'il l'habite et chacun surveille son voisin ! Nous avons reçu plus de cent lettres de personnes nous disant que dans leur rue ou même dans leur maison, un homme paraissait suspect, qu'un autre avait un vilain regard, qu'un autre encore se cachait pour sortir ! Nous avons pensé aussi à un homme qui n'habiterait pas le quartier mais viendrait y travailler.

— Et vous avez contrôlé tout ça ? Tous les employés, les ouvriers, les domestiques* ?

— Tout. Il a fallu des centaines d'heures. Et je ne parle pas du travail fait dans nos bureaux, de toutes les listes* de criminels plus ou moins fous que nous avons revues de très près.

— Mais revenons aux victimes. Se ressemblaient-elles ?

— Très peu. L'une d'elle est née en Bretagne, l'autre à Paris ; une autre dans le Midi... Pour la profession, même chose : on trouve une bouchère, une infirmière, une employée des postes, une femme qui travaillait chez elle. Certaines habitaient le quartier, d'autres pas. Nous avons voulu aussi savoir si ces femmes se connaissaient : pas du tout.

— Quel travail, Commissaire !

— Nous avons été plus loin ; nous savons qu'elles n'allaient pas dans les mêmes boutiques, qu'elles n'avaient pas le même docteur, qu'elles n'allaient pas dans les mêmes cinémas, qu'elles ne partaient pas en vacances dans les mêmes endroits.

— On peut donc dire que l'assassin prenait la première venue, sans choisir.

— Pas tout à fait ; vous avez vu les photos des victimes, elles sont toutes assez petites, plutôt grosses, même la plus jeune.

— Je l'avais noté aussi », dit le professeur.

Maigret s'était levé ; les deux hommes allèrent vers la fenêtre. Une pluie fine commençait à tomber.

« Il y a une question que je me pose, dit Maigret. Peut-être pourrez-vous y répondre mieux que moi.

« Cet homme, cet assassin, n'est plus un enfant. Il a vécu vingt ans, trente ans, ou encore plus sans commettre de crime. Et tout d'un coup il se met à tuer, cinq fois en six mois. La question que je me pose est celle du commencement. Pourquoi, le soir du 2 février, a-t-il commencé à être un assassin ? Le 1er février c'était encore un honnête homme, le 2 c'était un criminel ! Vous, professeur, voyez-vous une explication ?

— Je ne sais pas si je peux donner une bonne explication ; je vais essayer. Ça ne sera pas une explication de policier, mais une explication de médecin. Devant des crimes aussi répétés, tout le monde pense que c'est là l'action d'un fou ou bien d'un demi-fou. Et je le pense aussi.

« Mais quand un homme est-il fou ? Et quand est-il simplement un criminel que le juge peut punir ? Bien sûr, le juge interrogera le médecin psychiatre : si le médecin trouve, dans le cerveau* de l'assassin, une blessure ou quelque chose qui n'est pas normal*, il peut dire : cet homme n'est pas un criminel, c'est un malade. Mais, bien souvent, il ne trouve rien et ne peut rien dire de sûr.

« Pour votre criminel, je crois qu'il faut chercher une explication psychologique* et même faire appel aux idées de Freud.

— Et vous avez une idée ?

— Je crois, mais je ne sais pas si je peux la donner. Peut-être qu'elle ne vaut rien, et je ne voudrais pas vous lancer sur un mauvais chemin.

— Si c'est un mauvais chemin, je n'irai pas. Dites-moi ce que vous pensez.

— J'ai souvent été appelé par les juges, dit le docteur Tissot, pour donner mon avis sur des criminels. Presque toujours, j'ai trouvé ceci : ces hommes étaient des *faibles* qui voulaient faire croire qu'ils étaient *forts*. Ce qui les pousse à tuer, c'est l'orgueil*.

— C'est bien vrai, dit Maigret. Et très souvent ils veulent que quelqu'un de leurs amis — des femmes quelquefois — sachent que c'est eux les coupables*, eux qui ont tué, eux qui ont fait cette chose terrible, dont tout le monde parle.

— Et vous n'avez pas questionné les filles des bars ? Certains garçons de mauvaise vie qui travaillent aussi un peu pour la police ?

— Si, vous pensez bien. Mais personne n'a rien pu dire.

— Vous pensez donc que ce n'est pas un criminel de profession ?

— Non. C'est sûrement un homme qui a une vie normale, un métier, peut-être une femme, des enfants. Et tout d'un coup sa folie le prend, il tue...

— Et comme il est seul à savoir, il souffre* dans son orgueil. Voilà pourquoi, après quelques jours, *il faut* qu'il recommence. Je pense, en effet, qu'il recommencera. Et c'est ainsi que vous pourrez le prendre. Car vous le prendrez. Il y a, chez ces sortes de criminels, quelque chose qui les pousse à se faire prendre, un jour ou l'autre, pour que tout le monde connaisse enfin leurs crimes : c'est encore une sorte d'orgueil. Je ne veux pas dire qu'ils vont tout droit à la police, non. Mais ils jouent au chat et à la souris* : me prendra, me prendra pas... Ils ont de moins en moins peur : tout va si bien ! et tout d'un coup, clac ! la souris est prise.

— Je reviens à votre idée, dit Maigret : l'orgueil. Et si quelqu'un était pris à sa place, si en ouvrant son journal, le tueur lisait : « L'assassin de Montmartre enfin arrêté »... que ferait-il ?

— Je pense qu'il aurait envie d'une seule chose : montrer qu'il est toujours là, libre, plus fort que la police. Il faudrait donc qu'il tue une fois de plus...

— C'est vrai, dit Maigret, plusieurs fois j'ai vu des criminels écrire aux journaux ou à la police pour dire : « Vous vous trompez, l'homme que vous arrêtez n'a pas tué, *c'est moi*, l'assassin... »

— Une pareille lettre vous aiderait ?

— Je le crois ; nous aurions au moins quelque chose, alors que pour le moment nous ne savons rien du tueur, rien...

— Oui, mais écrirait-il ? Et s'il préférait tuer, une fois encore ?

— Tout est possible », dit Maigret.

Il était tard. On se dit au revoir. Maigret et sa femme, qui habitaient tout près, rentrèrent à pied.

« Voilà une bonne soirée, dit Mme Maigret. Mme Tissot est une femme très intelligente. Et lui ?

— Très bien, répondit Maigret : très intéressant. »

Ce fut peut-être en s'endormant, ou peut-être le matin, au réveil, que Maigret eut l'idée de tendre son piège*.

Et voilà — c'était une chance ! — voilà que ce matin, Mazet était venu à son bureau. Un vieil ami, de la police comme lui, parti pour l'Afrique depuis plus de dix ans.

« Qu'est-ce que tu fais à Paris ?

— Je me soigne ; les moustiques ont été plus forts que ma santé.

— Tu es là pour longtemps ?

— Cinq ou six semaines. Après, j'aimerais bien rentrer dans la police parisienne : l'Afrique, c'est fini pour moi. Ce serait possible ?

— Bien sûr, d'accord ; et pourquoi pas tout de suite ? J'ai besoin de toi.

— Vrai ?

22

— Viens me chercher à midi. Nous déjeunerons ensemble et nous parlerons. »

Ils avaient déjeuné dans un restaurant, à l'autre bout de Paris.

« Il ne faut plus qu'on se voie près de mon bureau. Je ne veux pas que les journalistes te reconnaissent », avait dit Maigret.

Et Maigret avait expliqué son plan : deux collègues du commissariat de Montmartre, que l'on mettrait dans le secret*, conduiraient Mazet chez Maigret. Mazet cacherait son visage. Des journalistes seraient là...

Et l'affaire avait parfaitement réussi : tous les journaux parlaient de Maigret, des deux autres commissaires et d'un homme longuement interrogé, peut-être l'assassin...

« Vous connaissez les journalistes : il faut qu'ils écrivent, même quand ils ne savent rien », expliquait Maigret au juge Coméliau. Nous, nous n'avons pas dit un mot. On ne peut donc pas nous reprocher d'avoir menti.

— Vous n'avez pas menti ; mais vous n'avez pas dit la vérité non plus. Et si demain, parce que tout le monde croira l'assassin arrêté, des femmes sortent la nuit et se font tuer ?

— J'y ai pensé ; mais il fallait bien faire quelque chose.

— Faire quoi ?

— Voilà, j'ai été voir le chef des agents de police de Paris. Vous savez qu'ils ont des femmes-agents pour certains services, dans les hôpitaux, les écoles, etc.

23

Elles sont fortes et courageuses. Je lui ai demandé de me prêter cinq ou six de ces employées — celles qui voudraient, bien sûr.

— Vous avez fait ça sans me le dire, encore une fois ?

— Je ne suis pas sûr de réussir; si ça ne marche pas, il ne faut pas qu'on dise : le juge s'est trompé. On dira que c'est le policier. C'est mieux comme ça.

— Et vos femmes-agents, vous les avez ?

— Je les ai. Beaucoup voulaient venir; elles sont très courageuses. J'ai pris celles qui, par l'âge, par les formes, ressemblaient un peu aux cinq victimes. Elles se promèneront dans le quartier comme si elles rentraient de leur travail ou sortaient pour aller chez un voisin. On les mettra en place vers dix heures du soir, dans les rues mal éclairées.

— Pour tout dire, vous tendrez un piège ?

— Je tends un piège, comme fait en Afrique le chasseur qui attache un mouton au pied d'un arbre pour faire venir le lion qu'il veut tuer. Seulement, ici, ce ne sont pas des moutons : ce sont des femmes solides et bien préparées à l'attaque*... »

Le juge écoutait Maigret; il comprenait, mais cette affaire ne lui plaisait pas.

« Savez-vous, Commissaire, que je n'aime pas ça du tout ?

— Moi non plus, dit Maigret. Mais quoi ? On ne peut pas laisser ce fou continuer... »

Un quartier bien surveillé

A la Police judiciaire, autour du bureau de Maigret, la comédie continuait. Les journalistes étaient toujours là : Baron, bien sûr, et Maguy, la plus curieuse, qui n'avait peur de rien ni de personne, et osait même entrer dans un bureau sans frapper, parfois même prendre un papier qu'on avait oublié sur une table !... Il y avait aussi d'autres journalistes, moins connus, et des photographes.

Ils restaient là jour et nuit ; quand les uns allaient manger, ou dormaient un peu, les autres revenaient surveiller la porte de Maigret...

C'étaient des gens très forts dans leur métier, ils étaient toujours là pour les grandes affaires criminelles et connaissaient les habitudes et la façon de travailler de la police aussi bien qu'un policier.

Pourtant, aucun ne devina* qu'on les trompait et qu'on leur jouait la comédie. Très occupés par ce qui se passait — ou ne se passait pas — à la porte de Maigret, ils n'avaient pas vu que tous les commissaires et inspecteurs* des autres quartiers de Paris avaient quitté leur bureau et se regroupaient autour du quartier de Montmartre. Comme des voyageurs en vacances venus de loin, ils étaient descendus dans des petits hôtels du quartier, quelquefois avec leur femme.

Dans les rues, il faisait toujours aussi chaud. Beaucoup de Parisiens étaient partis pour la campagne ou la mer, mais les étrangers avaient pris leur place.

Aussi, les patrons d'hôtel ne s'étaient pas étonnés de voir des clients qui demandaient une chambre avec des fenêtres sur la rue. D'habitude, ils demandaient plutôt une chambre calme*, loin du bruit. Mais, avec les étrangers, allez savoir ! Ils voulaient peut-être voir vivre les Parisiens de plus près...?

On pensera peut-être que Maigret préparait son piège avec trop de sérieux ; mais l'affaire était tellement importante ! Et on ne savait toujours rien sur l'assassin : un homme comme tout le monde, que personne ne remarquait. C'était peut-être un bon père de famille, un bon mari, un ouvrier, un employé, un commerçant ou peut-être même un juge ou un médecin ! Tout était possible.

Et pourquoi pas un patron d'hôtel ? C'est pourquoi Maigret n'avait pas voulu que ses agents se présentent en disant : « Police, donnez-moi une chambre sur la rue, et pas un mot à personne. » Non, il fallait *le plus grand secret.*

Quand Maigret, après avoir vu le juge, revint à son bureau, tout le groupe des journalistes lui tomba dessus.

« Monsieur le Commissaire, vous venez de chez le juge ?

— Je suis allé chez le juge Coméliau, comme je fais tous les matins.

— Vous lui avez parlé de l'homme que vous avez interrogé hier ?

— Nous avons parlé de plusieurs affaires.

— Vous ne voulez rien nous dire ?

— Ce n'est pas ça ; je ne sais rien et je n'ai rien à dire : je ne peux tout de même pas raconter des histoires, pour vous faire plaisir ! »

26

Maigret entra chez le grand patron. Lui aussi semblait inquiet :

« Vous avez vu le juge ?

— Oui, nous avons parlé.

— Et il vous laisse continuer ? Il est d'accord ?

— Il n'a pas dit oui, mais il n'a pas dit non. Si l'affaire tourne mal, tout me retombera sur le dos, ça il est d'accord !

— Alors, vous continuez ?

— Il faut trouver l'assassin : croyez bien que tout ceci ne m'amuse pas.

— Vous pensez tromper les journalistes encore longtemps ?

— Je fais tout ce que je peux pour ça : jusqu'à maintenant ça n'a pas mal réussi. »

On avait fait venir à Montmartre des policiers de tous les quartiers de Paris pour surveiller les endroits les plus dangereux. Maigret n'avait pas voulu qu'on leur dise tout de suite la vérité : ils croyaient qu'on les mettait là pour remplacer leurs collègues en vacances. C'est que dans les affaires difficiles on a toujours peur que quelqu'un parle trop.

Maigret avait revu le professeur Tissot et lui avait posé quelques questions.

« Est-ce que notre assassin est vraiment intelligent ? avait demandé Maigret.

— Oui, je crois, ces gens là ont une espèce *d'intelligence*. Par exemple, ils jouent très bien la comédie. Je suis sûr que cet homme-ci, après son crime, rentre chez lui, embrasse sa femme et se met à table comme s'il revenait d'une promenade. S'il n'est

27

pas marié, il sort avec des amis, ou alors il les rencontre au café, il plaisante, il parle de la pluie et du beau temps : qui pourrait penser qu'il vient de tuer quelqu'un ? Le lendemain, il va à son bureau, à son atelier. Et voyez comme il est adroit : jamais personne ne l'a vu à côté de sa victime : on ne l'a même pas vu courir ou essayer de se cacher.

— Je voudrais encore vous poser une question : cinq fois, cet homme tranquille, cet homme comme vous et moi, a changé d'âme et d'une minute à l'autre est devenu un criminel. Mais comment change-t-il ? Est-ce qu'il choisit sa rue ? Est-ce qu'il pense longuement à ce qu'il va faire ? Est-ce qu'il suit longtemps sa victime ? Ou bien est-ce que l'envie de tuer vient tout d'un coup, au hasard d'une rencontre, quand il voit une femme seule dans la rue ? Ce serait très important pour moi de savoir cela. S'il tue la première venue, c'est qu'il habite le quartier, ou un quartier voisin ; ou alors, il vient travailler à Montmartre chaque soir. Mais si l'envie de tuer lui vient plusieurs jours avant le crime, alors il peut habiter à l'autre bout de Paris et venir à Montmartre seulement pour y choisir une victime. Mais pourquoi Montmartre ? Pourquoi pas un autre quartier ? Seul l'assassin le sait. »

Le professeur Tissot avait écouté Maigret et il ne répondit pas tout de suite.

« Il est difficile de donner son avis : pensez que nous ne savons rien du malade... je veux dire : de l'assassin. Je crois qu'à un moment il doit partir en chasse, comme une bête. Et là, ce n'est plus le même homme : ses yeux voient plus loin, ses oreilles entendent le plus léger bruit ; il devine le meilleur moment et tue.

— Bon, mais il rencontre, tout au long des rues, beaucoup de femmes qu'il pourrait tuer : pourquoi, tout d'un coup, choisir celle-ci et non pas celle-là ?

— Peut-être un geste, un coup d'œil, une parole qui lui font peur. Peut-être tout simplement la couleur de la robe. A-t-on noté la couleur des robes ?

— Il y en avait de toutes les couleurs, dit Maigret, mais pas de couleur claire ; surtout des gris. »

Maintenant, Maigret était revenu à son bureau. Il avait enlevé sa veste et sa cravate. Quelle chaleur ! Il ouvrit la porte du bureau voisin :

« Tu es là, Janvier ? Rien de nouveau ?
— Non.
— Pas de lettres ?
— Quelques lettres de gens qui accusent* leurs voisins, comme d'habitude.
— Il faut voir ça, il y a peut-être du vrai dans une de ces lettres. Maintenant je voudrais voir Mazet, il est là ?
— Oui, il est en bas. Je vais le chercher ?
— Oui, mais qu'il cache bien son visage.
— Je lui mets les menottes* ?
— Ah ! non, pas ça ! »

Maigret ne voulait pas pousser la comédie jusque-là. Les journalistes se trompaient, ils croyaient que Mazet était l'assassin, et ils l'écrivaient dans leurs journaux ; bon, mais Maigret pourrait toujours dire : « Cet homme ? dans mon bureau ? Mais c'était un vieil ami à moi ! Je ne vous ai pas trompés... c'est vous qui vous êtes trompés... Il fallait attendre, avant d'écrire. »

29

Janvier sortit ; Maigret téléphona à Lognon.
« Lognon ?... Bonjour. Quoi de nouveau dans ton quartier ?

— Peu de chose ; un homme m'attendait ce matin devant ma porte, il m'a suivi. Maintenant, il est en bas, en face du commissariat.

— Envoie un agent lui demander ses papiers. C'est sûrement un journaliste.

— Je le crois aussi.

— Bon, je t'attends ici, avec Janvier. Vous ferez monter Mazet, comme la dernière fois.

— Tout de suite ?

— Disons dans dix minutes. »

Quand Mazet apparut* entre deux policiers, dans le couloir, les photographes et les journalistes se levèrent comme poussés par un ressort*. Mazet avait encore mis son chapeau devant son visage : Maguy s'approcha de lui et réussit, une fois encore, à faire tomber le chapeau, mais Mazet, les deux mains devant la figure, le ramassa et entra dans le bureau de Maigret. Infatigables, les journalistes lançaient question sur question : pas de réponse !

Pendant ce temps, dans les rues de Montmartre, les policiers prenaient place, lentement, silencieusement* : ces journalistes sont si curieux ! Les rues étaient assez calmes. Beaucoup de boutiques étaient fermées : patrons et employés prenaient leurs vacances.

Au total, c'était quatre cents personnes que Maigret avait mises en place dans le quartier. Il y en avait partout : dans les hôtels, dans les cafés, dans des chambres placées en coin de rue, avec des fenêtres regardant sur les deux directions.

Les femmes-agents, elles aussi, recevaient des ordres. Mais, pour que le secret soit bien gardé, on ne les avaient pas réunies : tout se faisait par téléphone.

Vingt policiers venus des villes voisines avaient loué des voitures (on connaissait trop bien les voitures de police de la capitale !). Ils savaient où et quand ils devraient passer dans le quartier, comme s'ils étaient des voyageurs à la recherche d'un restaurant ou d'un hôtel. Tout ceci se préparait sous les ordres de Maigret qui ne sortait plus de son bureau.

« Janvier, dites qu'on nous apporte de la bière et de quoi manger. »

Ainsi, les journalistes croiraient encore à un long interrogatoire du suspect. Et de toute façon, personne n'aurait le temps d'aller dîner : il y avait tellement de travail à faire pour mettre le piège en place !

Le commissaire Lognon intéressait beaucoup les journalistes : pourquoi portait-il cette belle cravate rouge ? Pourquoi un chapeau de paille ?

« Rien à voir avec l'affaire, dit un jeune journaliste qui savait toujours tout ; sa femme est partie en vacances, alors Lognon s'habille comme un jeune homme !... »

Au vrai, les journalistes croyaient toujours à l'homme au chapeau ; ils étaient maintenant une dizaine dans les couloirs du commissariat, qui attendaient avec l'idée qu'ils seraient les premiers à annoncer que l'assassin de Montmartre était enfin arrêté. Les journaux de l'après-midi, comme ceux

31

du matin, donnaient peu d'information, mais posaient beaucoup de questions, sur l'homme interrogé. « Si la police avait pu, disait l'un d'eux, elle aurait mis un sac noir sur la tête du suspect, pour que personne ne le voie ! »

Cela amusait Mazet. Il aidait les autres, donnait, lui aussi, des coups de téléphone, traçait, sur le plan, des traits au crayon rouge, tout heureux de travailler à nouveau avec la police parisienne. Ah ! si les journalistes avaient su que le « suspect » était lui-même un policier !

Quand le garçon de restaurant frappa à la porte, tout le monde reprit son rôle : Mazet tourna la tête pour cacher son visage, Maigret s'essuya le front d'un air fatigué. Janvier prenait des notes. Dès que le garçon fut sorti, on se jeta sur la bière et tout ce qu'il y avait à manger...

« Mes amis, dit Maigret, une fois le dernier morceau de pain avalé, un dur travail m'attend ; je vais me reposer un peu. »

Il passa dans un bureau voisin, se mit dans un fauteuil et ferma les yeux.

Il se réveilla deux heures plus tard et commanda à Janvier et à Lognon de se reposer eux aussi, l'un après l'autre. C'est que la soirée allait être dure. Plus le temps passait et plus Maigret était inquiet. Est-ce qu'*il* allait se montrer ? Et si ce n'était pas son jour ? S'il attendait deux jours, trois jours, dix jours ? On ne pourrait pas continuer longtemps à garder quatre cents personnes sur place !

Maigret avait envoyé Lapointe, un de ses meilleurs

inspecteurs, faire le tour du quartier surveillé. Lapointe, en veste bleue, le chapeau sur l'oreille, la cigarette à la bouche, jouait au garçon de la poste qui porte les paquets : il poussait sa petite voiture et toutes les dix minutes s'arrêtait dans un café pour téléphoner à Maigret. Tout était en place, mais l'assassin ne se montrait toujours pas.

Maigret essayait de deviner ce qui allait se passer : en ce moment, alors que la nuit n'était pas encore venue, que faisait l'assassin ?

Était-il chez lui ? Préparait-il son arme ? Peut-être était-il déjà à la recherche de sa victime. Il marchait dans la rue, le couteau en poche. Pour les gens qui le voyaient, il était un homme comme les autres ; on lui parlait, on lui serrait la main, un garçon le servait à table ; et l'assassin aussi parlait, riait peut-être...

Et si Maigret et le professeur Tissot s'étaient trompés ? Si le tueur se disait : bon, ils ont trouvé un coupable ? Très bien, je m'arrête... Et si l'assassin changeait de quartier ? C'est qu'en plein mois d'août il y a beaucoup de rues dans Paris où pendant plusieurs minutes presque personne ne passe : un assassin a dix fois le temps de frapper et de s'en aller tout tranquillement !

L'assassin pouvait aussi, toujours pour les mêmes raisons, frapper avant que la nuit soit venue ! Avant même que les femmes-agents aient pris leur place dans les endroits que Maigret avait choisis. Alors, tout ce beau travail n'aurait servi à rien et il y aurait une victime de plus.

Maigret essuya la sueur qui coulait sur son front. Il continuait de penser à tout ce qui pouvait empêcher son piège de bien marcher. Par exemple : pourquoi l'assassin tuerait-il toujours dans la rue ? Qui sait si, un soir, il ne frapperait pas à la porte

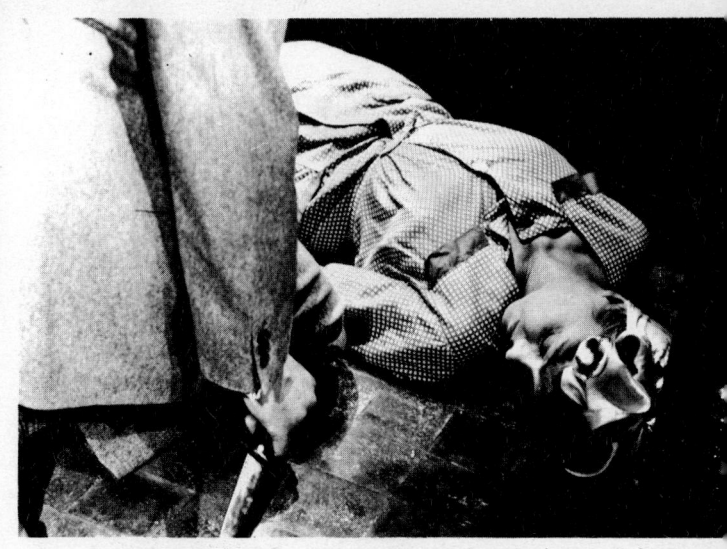

Qui sait si, un soir, l'assassin ne frapperait pas à la porte d'une maison où une femme seule habitait ?

d'une maison où il savait qu'une femme seule habitait ? C'était si facile !

Maigret regarda le ciel : à ce moment de l'année, il faisait nuit vers neuf heures et demie. Ce soir, la lune ne serait pas trop brillante : il y avait quelques nuages dans le ciel.

« Les journalistes sont toujours dans le couloir ? demanda Maigret.

— Il y a Baron et son photographe, les autres sont allés dîner.

— J'y vais, moi aussi. »

Maigret rentra chez lui et dîna la fenêtre ouverte.

« Tu as eu chaud, dit Mme Maigret, en regardant la chemise de son mari toute mouillée de sueur. Si tu sors encore, il faudra changer de chemise.

— Je sors.

— Votre suspect n'a pas parlé ? »

Maigret ne répondit pas, car il n'aimait pas lui mentir.

« Tu rentreras tard ?

— Je pense, oui, que je rentrerai assez tard.

— Penses-tu toujours que, quand cette affaire sera finie, nous pourrons, nous aussi, prendre des vacances ? »

Cette année, ils devaient aller en Bretagne. Mais elle avait maintenant l'habitude de ces vacances retardées de mois en mois...

« Peut-être », murmura Maigret.

Peut-être, cela voulait dire : oui, si je réussis ce soir ; mais si le tueur ne fait pas ce que j'espère, si le professeur Tissot et moi nous nous sommes trompés, il n'y aura pas de vacances : tout sera à recommencer ; les journaux accuseront la police, l'inquiétude* grandira chez les Parisiens, le juge Coméliau dira : « J'avais raison, tout cela est votre faute ! » Et peut-être même que le chef de la Police judiciaire devra s'expliquer devant le ministre*... Mais le plus terrible, c'est qu'il y aurait encore des femmes assassinées, des employées, des ouvrières, de bonnes mères de famille parties pour acheter leur pain ou revenant de chez une amie.

« Tu sembles fatigué », lui dit Mme Maigret.

Il leva les épaules comme pour dire : Bah ! un peu plus, un peu moins... Il était trop tôt pour partir ; la nuit n'était pas encore venue. Maigret allait d'une pièce à l'autre, remplissait sa pipe.

Il finit par s'arrêter devant la fenêtre et regarda la rue un long moment.

Pendant ce temps, sa femme avait préparé une chemise propre et brossé sa veste.

Quand il fut prêt, il revint à son bureau et sa femme vit qu'il prenait son pistolet*, et le glissait* dans sa poche, ce qui n'était pas dans ses habitudes.

Maigret allait d'une pièce à l'autre... Il finit par s'arrêter devant la fenêtre.

Il n'avait aucune envie de tuer quelqu'un, même un criminel aussi dangereux que celui-là ; mais, là, il fallait d'abord sauver les femmes...

Il descendit et traversa la rue : une voiture conduite par un policier l'attendait.

« On y va, patron ?

— On y va, répondit Maigret ; place Clichy. »

Bien assis au fond de la voiture, il regardait chaque passant*, chaque café, chaque coin de rue.

« Passe par la rue Caulaincourt, pas trop vite, comme si tu cherchais une maison. »

Il y avait encore beaucoup de gens dans les rues, et d'autres aux fenêtres, qui respiraient un peu d'air frais. Beaucoup de clients aussi dans les cafés et les restaurants, dont les tables arrivaient presque au milieu des trottoirs.

Mais Maigret savait qu'à côté des grandes rues, si vivantes, si éclairées, il y avait à quelques pas de là des douzaines de petites rues sans lumière et où peu de gens passaient. C'est là que l'assassin frapperait...

Maintenant, Maigret aurait voulu que tout aille vite ; il avait envie de voir l'assassin en face, de voir son visage, de savoir qui il était ; il était fatigué de ne voir, dans son esprit, qu'une forme, une ombre mal dessinée. Avait-il un visage de fou ? les yeux d'une bête méchante ? Ou simplement la tête d'un bon père de famille ? Ah ! le tenir enfin, le regarder droit dans les yeux et lui dire : « Maintenant, parle ! »

Tout en avançant, Maigret reconnaissait au passage les policiers qu'il avait mis en place. Tous étaient là, l'œil bien ouvert. De temps en temps, une femme passait, petite, assez grosse, habillée simplement : une des femmes-agents qui attendaient l'attaque du tueur...

Mais combien de temps allait-on attendre ? Depuis son premier crime, le tueur avait toujours frappé un peu plus tard ; seulement, depuis une semaine, les jours devenaient plus courts, il faisait nuit un peu plus tôt.

Alors, qu'allait faire l'assassin ?

Dans une minute, ou cinq, ou dix, on entendrait peut-être le cri d'un passant pris de peur à la vue d'un corps couché sur le trottoir. C'était comme ça que les choses s'étaient passées, les autres fois.

Et cette fois, comment allaient-elles se passer ?

« Qu'est-ce que je fais, patron ? demanda le chauffeur.

— Reviens vers la rue des Abbesses. »

Il aurait pu prendre une voiture-radio et attendre les informations des policiers qui surveillaient les rues, mais tout le monde connaissait les voitures-radio de la police. Il ne fallait pas que l'assassin soit inquiet : qui sait s'il n'observait pas longuement le quartier avant de frapper ?

Mon Dieu, pensa Maigret, faites qu'il n'y ait pas de victime ce soir ! A dix heures, il ne s'était rien passé. Tout allait bien ; trop bien ! Il ne viendra pas, pensa Maigret. Il fit arrêter la voiture près d'un café et demanda une bière. Avant de sortir, il donna un coup de téléphone à la Police judiciaire. Ce fut Janvier qui répondit :

« Rien d'intéressant ; un marin qui avait trop bu a frappé une fille dans un bar. Mais il était sans arme et se trouvait en France seulement depuis trois jours.

— Les journalistes sont toujours là ?

— Non, ils sont allés dormir. »

... il y avait à quelques pas de là, des douzaines de petites rues sans lumière...

De temps en temps, une femme passait... une des femmes-agents qui attendaient l'attaque du tueur...

Avant de sortir, Maigret donna un coup de téléphone à la Police judiciaire.

Ils ont bien fait, pensa Maigret ; de toute façon, c'est manqué. Mon assassin est peut-être tranquillement assis devant la télévision... ou alors il est en vacances au bord de la mer, ou à la montagne, et qui sait ? en Afrique, peut-être...

Par moment, Maigret perdait courage. Tant de travail, tant de gens mis à surveiller, et peut-être tout cela pour rien ! Car, enfin, qui disait que l'idée de Tissot était bonne ? Et si l'assassin n'était pas un orgueilleux* ? S'il n'était pas poussé par l'envie de montrer qu'il n'avait peur de rien ni de personne ? Dans quelle affaire s'était-il mis !

« Alors, patron, où va-t-on ?

— Où tu voudras. »

Le regard étonné du chauffeur le gêna : lui, le chef, il n'avait pas le droit de perdre courage. Il fallait aller jusqu'au bout.

« Monte la rue Lepic. »

Il passa devant l'endroit où, voilà deux mois, on avait retrouvé le corps de l'infirmière... Cinq femmes assassinées, et le tueur était toujours libre, prêt peut-être à frapper de nouveau ! Et il pensa aux femmes-agents qui, en ce moment même, se promenaient dans le quartier ; elles jouaient leur vie dans cette affaire. Bien sûr, tous les policiers font un métier dangereux. Mais là, c'était lui, Maigret, qui avait eu l'idée. Bien sûr, toute la journée, avec ses collègues, il avait étudié le plan du quartier ; il avait tout préparé, mis des hommes à tous les endroits dangereux. Mais on peut toujours oublier quelque chose. Les meilleurs agents peuvent, à un moment, être imprudents*.

Maigret regarda sa montre : il était plus de dix heures. L'assassin ne s'était pas montré ; il était trop tard, il ne se montrerait plus.

Tant mieux, pensa Maigret, au moins, la vie de mes agents n'est plus en danger.

Il passa place du Tertre ; c'était, en plein Paris, comme une fête de campagne ; on jouait de la musique dans tous les coins, aux tables des cafés les gens buvaient de la bière ou du vin blanc. Et, pensa Maigret, à moins de cent mètres, les rues sont presque vides et le tueur peut encore frapper sans qu'on le voie !

« Redescends par la rue Junot. »

Des jeunes gens marchaient lentement sur le trottoir ; quelques-uns, garçons et filles, s'étaient arrêtés et s'embrassaient. Maigret pensa à Lognon. C'était, de tous ses collègues, celui qui connaissait le mieux le quartier. Il avait dû, à pied, faire le tour de chaque place, de chaque rue, plus de dix fois !

« Arrête, dit Maigret, écoute ! »

Il semblait qu'on entendait des bruits de pas, des gens qui couraient du côté de la rue Lepic.

Ils essayaient de deviner d'où venait le bruit. A ce moment, une voiture de police passa.

« Suis-les », dit Maigret.

En quelques secondes, ils se trouvèrent entourés de voitures-radio, qui, elles aussi, roulaient à toute vitesse vers la rue Lepic. On entendit des appels, des cris. Un homme courait sur le trottoir. Enfin ! *il se passait quelque chose.* Mais quoi ?

L'attaque

Pendant un moment, personne ne sut bien ce qui s'était passé; la rue était mal éclairée, trop de gens, venus de partout, couraient dans tous les sens.

Les autos remontaient la rue, mais d'autres la descendaient. Le chauffeur de Maigret suivait toujours la voiture de police, qui roulait à toute vitesse.

« Par là, à gauche, cria un agent. Je l'ai vu passer... »

Des gens couraient après un homme. Maigret crut voir Lognon, qui courait aussi. Un autre, un policier peut-être, avait perdu son chapeau !

Une idée, une idée terrible, habitait maintenant la tête de Maigret : si c'était l'assassin, avait-il tué encore une fois ? Et qui ?

Il aperçut un groupe d'une douzaine de personnes ; il regarda d'abord le trottoir, pour voir si un corps y était couché. Il ne voyait pas bien ; personne ne se penchait ; on parlait seulement ; quelqu'un, du doigt, montrait le coin de la rue.

Au moment où Maigret descendait de voiture, un homme s'approcha ; le commissaire prit sa lampe électrique et regarda le visage de celui qui arrivait ; c'était Lognon !

« Patron, elle n'est pas blessée. »

Il aperçut un groupe d'une douzaine de personnes.

Maigret respira. Le piège a marché ; tout va bien, pensa-t-il.

« Qui est-ce ? Où est-il ?

— Je ne sais pas. On n'a pas pu l'arrêter. On court toujours après lui. Avec tous les hommes que nous avons dans le quartier, je pense qu'il sera vite retrouvé. »

Tout en marchant, ils étaient arrivés près d'un autre groupe ; Maigret vit une jeune femme, petite, en robe bleu clair, qui souriait ; mais son visage tout pâle* et sa respiration trop rapide montraient qu'elle venait d'avoir peur, très peur.

Elle vit Maigret et dit :

« Je vous demande pardon, je n'ai pas pu le tenir. Pourtant* je l'avais bien, mais c'est un serpent*, cet homme-là ! Il m'a glissé des mains... »

Maigret regardait la jeune fille : est-ce que ce

n'était pas elle qu'il avait vue, tout à l'heure, en train d'embrasser un garçon? Pendant le travail, pas sérieux, ça!

« Tenez, continua-t-elle; un des boutons de sa veste m'est resté dans les doigts.

— Il vous a attaquée?

— Oui, je passais devant cette petite rue. Comme vous voyez, elle est très étroite et très sombre; j'ai tout de suite pensé qu'il pouvait être là. J'ai avancé sans aller plus vite, et j'ai tout d'un coup vu une ombre derrière moi. Je me suis retournée, j'ai senti une main qui essayait de me serrer le cou, j'ai alors réussi à le prendre au poignet* et d'un coup bien placé je l'ai jeté par terre. »

La foule, place du Tertre, avait compris qu'il se passait quelque chose; beaucoup de curieux, laissant là leur bière et leur vin blanc, s'avançaient du côté d'où venait le bruit.

Un agent essayait de les arrêter, mais les gens étaient à chaque minute plus nombreux. Un car de police s'arrêta : une dizaine d'agents se mirent en rang, d'un côté à l'autre de la rue.

Et l'assassin? Maigret pensa que, pour ce soir, il n'y avait plus aucune chance : comment retrouver un homme au milieu de tout ce monde?

Il se retourna vers la jeune fille et lui dit : « Comment vous appelle-t-on?

— Marthe Jusserand.

— Vous avez vingt-deux ans?

— Vingt-cinq. »

C'était une fille plutôt petite, assez large d'épaules, solide sur ses jambes.

« A la Police judiciaire », dit Maigret au chauffeur.

C'était là, en effet, qu'il pouvait avoir le plus d'informations.

Il fit monter la jeune fille à ses côtés et dit à Lognon :

« Je rentre au bureau. Téléphonez-moi s'il y a du nouveau. »

On traversait la place Clichy ; des gens sortaient du cinéma. Les cafés étaient éclairés.

« Vous avez eu peur ? demanda Maigret à la jeune fille.

— Pas trop, sur le moment, mais après, oui, j'ai eu très peur.

— Vous l'avez vu ?

— Oui, mais je n'ai pas eu le temps de bien le regarder ; tout ça s'est fait très vite : je l'ai pris par le poignet, j'ai tiré, il est tombé ; je fais beaucoup de sport, vous savez, je suis très forte.

— Vous n'avez pas crié ?

— Je ne sais pas. »

A la vérité, elle n'avait pas crié, mais avait appelé quand elle avait vu l'homme se sauver.

« Alors vous ne pouvez rien dire ?

— Il porte un vêtement gris foncé, ses cheveux sont blonds, courts, et je crois qu'il est assez jeune.

— Assez jeune ? moins de trente ans ? — plus ?

— Je ne sais pas, je ne me rappelle plus.

— Il fallait regarder, c'est important ; on vous l'avait bien dit.

— Je sais, mais pendant l'attaque j'ai tout oublié. C'est terrible, vous savez, je pensais au couteau qu'il avait dans les mains...

— Et le couteau, vous l'avez vu ? »

Elle ne savait plus très bien. Mais elle se rappelait maintenant la couleur de ses yeux : ils étaient bleus.

« Vous le teniez bien ; comment s'est-il échappé* ?

— Je ne sais pas, je ne comprends pas. J'ai essayé de l'arrêter par le bord de sa veste, mais le bouton m'est resté dans la main. »

46

Elle avait l'air fatigué.

« Vous ne voulez pas boire quelque chose? demanda Maigret.

— Non, merci, je ne bois jamais. Mais une cigarette, oui, je veux bien.

— Je n'en ai pas — je me suis arrêté d'en fumer voilà un mois — mais, attendez. »

Il arrêta la voiture à côté d'un bureau de tabac.

« Quelles cigarettes fumez-vous ?

— Des américaines. »

C'était bien la première fois que Maigret achetait du tabac blond ! Arrivé quai des Orfèvres, il la fit monter devant lui. Janvier était là.

« Toujours rien? demanda Maigret.

— Toujours rien. Il court toujours. »

Il court toujours, ou il est chez lui, bien tranquille, pensa Maigret.

« Asseyez-vous, mademoiselle. Ça va mieux ?

— Ça va tout à fait bien, monsieur le Commissaire. »

Maigret redit à Janvier ce qu'on savait maintenant de l'assassin.

« Faites passer une note dans tous les commissariats et dans toutes les gares. »

Puis, se tournant vers la jeune fille :

« Voyons, comment était-il? grand? petit?

— Pas plus grand que moi.

— Gros? maigre?

— Pas très gros.

— Vous avez dit assez jeune, essayez de vous rappeler : trente, quarante ans ?

— Trente peut-être, mais pas quarante.

— Et ses vêtements, ses chaussures ?

— Je vous ai dit ce que j'avais vu.

— Pas de cravate ?

— Si, il me semble.

47

— A quoi ressemblait-il ? à un ouvrier ? à un employé ? »

La jeune fille essayait de se rappeler. C'était difficile. La rue n'était pas très bien éclairée.

« Il était comme beaucoup de gens : un ouvrier ? non, je ne crois pas ; peut-être un employé. Ah ! je me rappelle, il avait une bague au doigt.

— Une alliance* ? »

Elle ferma les yeux pour mieux se rappeler. Un moment elle avait touché la main de l'assassin.

« Oui, je crois, une petite bague, une bague toute simple.

— Et les cheveux, longs, courts ?

— Pas très courts.

— Vous notez tout ceci », dit Maigret à ses deux collègues.

Maigret enleva sa veste : pourtant il faisait moins chaud, depuis une heure ou deux ; mais il respirait mieux ainsi. Il fallait maintenant demander à la jeune fille de raconter son histoire par écrit.

« Asseyez-vous à mon bureau, ne vous pressez pas, écrivez lentement, pensez bien à tout ; même les plus petites choses peuvent être importantes ! »

Maigret savait que, souvent, les gens qui écrivent retrouvent des choses qu'ils avaient oublié de dire.

« Quand vous aurez fini, vous m'appellerez. »

Il passa dans le bureau voisin : Lucas était au téléphone. Toutes les minutes, il recevait un appel des voitures-radio qui continuaient leur recherche. Les agents restés sur place contrôlaient tous les hôtels, passaient dans toutes les chambres. Mais rien. Plus le temps passait et moins on avait de chance de retrouver l'assassin.

Maigret avait trouvé, au fond de sa poche, le bouton que la jeune fille avait arraché à la veste de l'homme. Un bouton gris, avec un petit morceau d'étoffe. Maigret le regarda de plus près : un bouton comme des millions d'autres boutons !

Mais il fallait tout essayer : Maigret fit appeler Moers, le chef du laboratoire* de la police.

Au même moment, Lognon appela Maigret.

« Allô, Lognon ?

— Oui, c'est moi ; on continue de chercher. Mais on ne trouvera rien. J'ai vu l'homme partir en courant, et justement vers le quartier où j'habite.

— Tu n'as pas pu le suivre ?

— Non, il allait plus vite que moi !

— Tu n'as pas tiré* ? C'était les ordres : tirer dans les jambes.

— J'allais tirer, mais juste à ce moment-là une vieille femme est sortie de chez elle ; j'ai eu peur de la blesser.

— Et tu ne l'as plus revu ?

— Non, mais j'ai appelé tous les agents qui étaient dans le coin ; nous avons interrogé les gens dans les cafés. Au café des « Bons amis », on a vu entrer un homme ; il a demandé à téléphoner, et il est ressorti sans rien dire.

— Comment était-il ?

— Blond, jeune, mince, sans chapeau. Il était habillé d'un vêtement sombre.

— Je te remercie.

— Je reste dans le quartier, je continue de chercher.

— Tu as raison, il faut continuer. »

Ce client, dans ce café, était-ce l'assassin ? A qui avait-il téléphoné ? Cet homme n'avait peur de rien : il avait peut-être dit à sa femme de venir le chercher ! Mais quelle explication lui avait-il donnée ?

49

On ne peut pas téléphoner à sa femme et lui dire : « Viens vite, j'ai tué quelqu'un ! »

Maigret retourna à son bureau ; la jeune fille avait fini d'écrire.

« J'ai écrit comme ça me venait, il y a peut-être des fautes, mais je crois que je n'ai rien oublié.

— Merci, » dit Maigret. Il lut rapidement les deux pages : il n'y avait rien de nouveau.

« Moers, le chef du laboratoire, est arrivé, dit Janvier. On l'a réveillé, il était déjà couché.

— Je vous demande pardon, dit Maigret en tendant la main à Moers, mais il fallait faire vite et, souvent, une heure de perdue compte pour dix, dans ces affaires.

— Vous avez bien fait, dit Moers ; je vais regarder ça, vous venez avec moi ?

— Pourquoi pas. »

Ils passèrent dans le laboratoire. Là, Moers prit le bouton et le regarda longuement, de très près.

« Qu'est-ce que vous voulez savoir ?

— Tout !

— Eh bien, je peux vous dire déjà une chose : ce bouton est de très bonne qualité, on n'en trouve pas dans les petits magasins. Seuls les grands tailleurs se servent de ces boutons-là. Demain, nous le montrerons à quelques gros marchands, et ils nous diront sûrement d'où il vient.

— Et le fil ?

— C'est un fil, comme tous les fils ; rien à dire.

— Bon, et le morceau de tissu ?

— Ça, c'est plus intéressant. Il est aussi de très bonne qualité ; je suis presque sûr que c'est un tissu qui vient d'Angleterre. Il y a seulement quatre ou cinq vendeurs de ces tissus à Paris. On retrouvera facilement le commerçant qui a vendu celui-là. Mais nous ne pourrons pas commencer à chercher avant demain 8 heures.

— Bien, prenez avec vous tous les gens qu'il vous faut et voyez tous les marchands de boutons et de tissus anglais, l'un après l'autre.

— Ce sera facile, ils habitent presque tous au quartier du Temple. »

Maigret allait quitter son bureau quand il vit, devant sa porte, les journalistes. Il se sentait, tout d'un coup, très fatigué, la journée avait été difficile, il voulait aller dormir ; mais les journalistes aussi faisaient leur dur métier. Alors le mieux était peut-être de leur parler tout de suite...

« On peut vous poser quelques questions, Commissaire ? »

Il leur montra la porte de son bureau, les journalistes entrèrent, le crayon à la main.

« Votre suspect, celui que vous avez interrogé hier, il s'est échappé ?

— Personne ne s'est échappé.

— Alors, vous l'avez remis en liberté ?

— Personne n'a été remis en liberté.

— Pourtant, le tueur a encore frappé cette nuit.

— Une jeune femme a été attaquée, près de la place du Tertre, vers dix heures.

— Elle n'a pas été blessée ? Elle n'a pas reçu de coup de couteau ?

— Non.

— Elle n'est plus ici ? Comment s'appelle-t-elle ?

— Son nom n'est pas important pour nous.

51

— Vous ne voulez pas le dire ? Elle est mariée ?

— Je vous répète, ce n'est pas la femme qui nous intéresse, c'est le tueur.

— On l'a vu ? on va l'arrêter ?

— Peut-être.

— Vous ne pouvez rien dire de plus ?

— Si, je peux vous dire ce que je sais de l'homme de ce soir. »

Les journalistes écrivaient, ne perdant pas un mot...

« Voilà, c'est tout pour le moment, dit Maigret en se levant.

— Alors, l'homme que vous avez interrogé hier, vous allez le remettre en liberté ?

— Il n'a jamais été arrêté, c'est une personne qui nous est utile pour l'affaire, c'est tout. Plus de questions ?

— Nous vous avons vu, avec M. Moers, sortir du laboratoire. L'assassin a laissé quelque chose ? Son arme peut-être ?

— Messieurs, je vous ai dit tout ce que je pouvais vous dire. Je suis fatigué et j'ai sommeil. Vous aussi, je pense ; alors, à demain. J'aurai peut-être d'autres informations à vous donner. »

Maigret cherche une veste

Tout le monde, ce matin-là, au quai des Orfèvres, était encore fatigué. Maigret avait dormi trois heures ; d'autres policiers avaient cherché toute la nuit et n'avaient pas dormi du tout.

Il y en avait même qui cherchaient encore, qui surveillaient les métros, les arrêts d'autobus.

En arrivant à son bureau, Maigret avait trouvé Rougin, le journaliste. Il avait l'air content.

« Bonjour, monsieur le Commissaire. Bien dormi ? »

Pourquoi était-il si heureux celui-là ? Maigret comprit en ouvrant le journal. C'était le seul journaliste à avoir deviné la vérité ; il avait, lui aussi, passé la journée à Montmartre ; il avait interrogé les hôteliers, reconnu deux ou trois policiers et, après l'attaque manquée du tueur, il avait suivi les recherches de la police.

Quelques heures plus tard, son journal sortait, avec, en première page, ce titre en lettres grosses comme le doigt :

« *Le tueur a échappé au piège tendu par la police.* »

On lisait encore : « Notre bon ami, le commissaire Maigret, ne peut plus cacher, maintenant, que l'homme qu'il a interrogé hier et avant hier n'était pas un suspect. On voulait tromper les journalistes...

et obliger le vrai tueur à se montrer. C'était un piège. »

Et Rougin, qui était un garçon intelligent, expliquait le plan de Maigret :

« Le commissaire a-t-il cru que l'assassin viendrait près du commissariat pour voir qui était arrêté à sa place ? C'est possible. Mais nous croyons plutôt que le commissaire a joué sur l'orgueil de l'assassin ; sans doute un demi-fou, qui voudrait montrer qu'il était plus fort que la police. L'assassin a réussi... à moitié — Maigret aussi. »

Maigret entra dans le bureau de Janvier. Son ami était là.

« Tu es toujours ici ? Tu ne vas pas dormir ?

— J'ai dormi dans un fauteuil ; je vais me passer un peu d'eau sur la figure et me donner un coup de peigne, et ça ira tout à fait bien.

— Avec qui peut-on travailler ce matin ?

— Presque tout le monde est là.

— Appelle-moi Lognon, Lucas et deux ou trois autres collègues. »

Il était 8 heures et la visite des marchands de tissu anglais et de boutons allait commencer.

« Voici quelques adresses, dit Maigret à ses amis. Partagez-vous en deux groupes : les uns chercheront les tissus, les autres les boutons. »

Maigret reprenait courage ; il se disait que rien n'était perdu et qu'il aurait peut-être de la chance.

Il reprenait courage, mais il n'était pas gai ; cela se voyait à son visage. Il pensait à l'assassin qui, maintenant, avait donné une partie de son secret ; son image, dans l'esprit de Maigret, était plus claire, mieux dessinée. Il le voyait jeune, blond, sans doute de bonne famille ; il était marié, il avait peut-être encore son père et sa mère. Qu'avait-il fait après l'attaque manquée de la nuit dernière ? Il avait dormi, peut-être...

Le premier travail de Maigret fut d'aller chez le juge Coméliau. Justement, le juge lisait les journaux du matin.

« Eh bien, Commissaire, qu'est-ce que j'avais dit ? C'est vous qui avez lancé toute cette affaire ; et pour arriver où ?

— L'assassin nous a laissé quelque chose ; je crois que c'est intéressant. Nous finirons par le retrouver, vous verrez.

— Mais quand ?

— Dans une semaine, dans un jour, personne ne peut le dire... »

En vérité, il ne fallut même pas deux heures...

Chez le premier commerçant où Lognon était allé, le patron avait reconnu le bouton qu'on lui montrait :

« Cela vient de la maison Mullerbach, dit-il, ils ont leurs bureaux ici même, deux étages au-dessus. »

Le patron de la maison Mullerbach reçut Lognon avec beaucoup de politesse.

« Est-ce vous qui vendez ces boutons ?

— Mais oui, c'est nous.

— Pouvez-vous me donner les noms des tailleurs parisiens qui ont acheté cette marchandise ?

— Je vous demande une minute. »

Le patron donna des ordres à un employé qui, bientôt, revint avec une liste d'une quarantaine de noms, dont une moitié était ceux de tailleurs travaillant à Paris.

55

« Voilà, monsieur, je vous souhaite bonne chance. »

Lognon remercia et redescendit sans perdre une minute. Il entra dans un café et téléphona la bonne nouvelle à Maigret, qui était encore chez le juge.

« Téléphone à Janvier et aux autres, dit Maigret, et prenez trois ou quatre adresses chacun. »

Bonne façon de partager le travail, mais on n'avait qu'un seul morceau de tissu. Là encore, la chance fut pour Maigret ; le premier tailleur interrogé reconnut le tissu ; il en avait encore ; on put donc en donner un morceau à chacun des policiers. Et la chasse recommença. Dix tailleurs seulement avaient fait, à Paris, des costumes de ce tissu.

Ce fut Lucas qui trouva la bonne adresse.

Un petit tailleur polonais, qui travaillait en chambre, avec un seul employé.

« Vous connaissez ce tissu ?

— Mais oui, vous voulez un costume ? C'est un très bon tissu, très à la mode...

— Non, je veux seulement le nom du client qui vous a demandé un costume dans ce tissu.

— C'est qu'il y a plusieurs mois...

— Et vous ne savez plus son nom ?

— Mais si, c'est M. Moncin. Un monsieur très bien, vous savez, qui s'habille chez moi depuis plusieurs années... »

Le policier prenait des notes. Était-ce possible ? Tout d'un coup, les choses allaient trop bien, trop vite ! Il demanda l'adresse.

« C'est au 28, rue Dufour, tout près d'ici.

— Vous le connaissez ? Il est marié ?

— Oui, sa femme est venue plusieurs fois avec lui. Elle est très bien, elle aussi, une vraie dame. »

Le policier remercia rapidement, descendit l'escalier en courant et, courant toujours, arriva au 28. C'était donc là !

Mais il ne pouvait continuer seul. Il ne fallait pas, cette fois, que l'oiseau s'échappât !

Un agent de police était au coin de la rue. Lucas lui montra ses papiers.

« Je suis de la police, surveillez cette porte ; si vous voyez sortir un homme blond, d'une trentaine d'années, demandez-lui ses papiers ; il s'appelle Moncin, ne le laissez pas partir.

— Mais, pourquoi ?

— Je vous le dirai plus tard ; je vais téléphoner. »

Lucas appela Maigret, mais tout d'un coup il ne trouvait plus ses mots, il voulait tout dire à la fois, une sueur froide mouillait son front...

« Restez là, dit Maigret, je viens. »

Un quart d'heure après, plusieurs voitures de police arrivaient. Maigret était là ; en deux mots, Lucas lui raconta la courte, mais intéressante histoire du tailleur polonais. Pendant ce temps, les policiers prenaient place autour de la maison.

Maigret et son collègue s'avancèrent vers la porte de la concierge*.

« M. Moncin, s'il vous plaît ?

— Second étage, à gauche.

— Vous savez s'il est chez lui ?

— Je crois, je ne l'ai pas vu descendre. Mme Moncin est là aussi. »

C'était une maison comme on en voit beaucoup dans ce quartier, habité par des gens assez riches, des commerçants, des chefs de bureau.

Au second étage, à gauche, on lisait sur une carte : Marcel Moncin, architecte*.

Ce fut Maigret qui frappa à la porte. Une jeune domestique vint ouvrir.

« M. Moncin est chez lui ?

— Je ne sais pas ; je vais demander à Madame. »

Si elle dit qu'elle ne sait pas, c'est qu'il est là,

pensa Maigret. Mais, déjà, Mme Moncin s'avançait.

« Qu'est-ce que c'est ?
— Madame, ce sont deux messieurs qui veulent voir Monsieur. »

Maigret salua et demanda :
« Est-ce que votre mari est ici, madame ?
— Oui, mais il dort ; enfin, je crois.
— Je vous demande de bien vouloir le réveiller.
— Mais qui êtes-vous, messieurs ?
— Police judiciaire. Veuillez appeler votre mari, madame. Je pense qu'il est rentré tard, la nuit dernière ? Je vois qu'il dort encore à onze heures !
— Mon mari travaille souvent tard le soir.
— Il n'est pas sorti la nuit dernière ?
— Je ne pense pas. Si vous voulez vous asseoir, messieurs. »

La jeune femme sortit et revint presque tout de suite. Elle avait repeigné ses cheveux.

« Mon mari s'habille ; il n'aime pas qu'on le voie en robe de chambre. »

Elle n'avait pas l'air gêné ; aucune inquiétude dans ses paroles. Était-ce une comédie ? Est-ce qu'elle savait quelque chose ?

« Votre mari travaille ici ?
— Oui, voilà son bureau. »

Elle ouvrit une double porte ; c'était une pièce assez grande ; à droite de la fenêtre, on voyait une planche à dessin et, sur une table, des feuilles de papier.

« Il travaille beaucoup ?
— Trop pour sa santé. Il n'a jamais été fort. D'habitude, en août, le médecin l'envoie à la montagne ; il le faut, pour ses poumons. Mais cette année il a pris un travail important, et nous ne pouvons pas partir en vacances. »

Elle était toujours très calme.

Étonnant, pensa Maigret ; la police demande à voir son mari et elle ne pose aucune question ; elle nous parle comme si nous étions des voisins !

« Je vais voir s'il est prêt. »

Elle venait tout juste de sortir quand son mari entra. Il était blond, le visage très jeune, les yeux bleus.

« Je vous ai fait attendre, messieurs, je vous demande pardon. Je me suis couché très tard ; je dois finir un travail pour un de mes amis qui veut faire une très grande maison au bord de la mer. »

Il tira un mouchoir de sa poche, s'essuya le front où l'on voyait de fines gouttes de sueur.

« Il fait encore plus chaud qu'hier, n'est-ce pas ? Il faudrait un peu de pluie ; on respirerait mieux...

— Je vous demande pardon, dit Maigret, mais je voudrais vous poser quelques questions. Et d'abord, pouvez-vous montrer le vêtement que vous aviez, hier ? »

Il sembla étonné, mais pas inquiet. Il sortit et revint, avec, bien plié sur le bras, un costume gris.

« Vous l'avez mis hier au soir ?

— Oui, juste avant le dîner. Ensuite, j'ai mis une robe de chambre.

— Vous n'êtes pas sorti après 8 heures du soir ?

— Non, j'ai travaillé à mon bureau, tard dans la nuit, jusqu'à 2 ou 3 heures. C'est à ce moment que je travaille le mieux. Mais le matin je dors.

— Puis-je vous demander de me montrer vos autres costumes ? »

Il attendit deux ou trois secondes avant de répondre : « Si vous voulez. Venez par ici. »

Il ouvrit un placard ; il y avait deux manteaux et cinq ou six costumes, tous très bien rangés. Mais le vêtement que Maigret cherchait n'y était pas.

Il prit dans sa poche le morceau de tissu et le montra à Moncin.

« Vous aviez un costume fait avec ce tissu ? »

Moncin regarda le morceau d'étoffe.

« Oui.

— Où est-il ?

— Quelqu'un, dans l'autobus, me l'a brûlé avec une cigarette.

— Vous l'avez fait réparer ?

— Non, je n'aime pas sortir avec des vêtements réparés. Je l'ai jeté.

— Vous avez jeté ce vêtement presque neuf ?

— Non, à vrai dire, je l'ai donné à un pauvre, dans la rue.

— Où sont les souliers que vous portiez hier au soir ? »

Moncin devina le piège et, très calme, répondit :

« Je n'avais pas de souliers puisque je suis resté chez moi, j'avais les pantoufles* que j'ai aux pieds.

— Voulez-vous appeler la domestique ? »

C'était une jeune fille venue de la campagne, un peu inquiète devant un policier.

« Vous couchez ici ?

— Non, monsieur, j'ai une chambre au sixième étage.

— Vous êtes montée à quelle heure, hier au soir ?

— Vers 9 heures.

— Où était M. Moncin, à ce moment-là ?

— Dans son bureau.

— Habillé comment ?

— Comme maintenant.

— Quand M. Moncin a-t-il mis son costume gris à petites lignes bleues pour la dernière fois ?

— Je ne sais pas bien, deux ou trois jours peut-être.

— Vous n'avez pas entendu dire à M. Moncin qu'on avait brûlé son costume ?

— Je ne me rappelle pas. »

Maigret se retourna vers Moncin, qui souriait, très calme, avec seulement quelques gouttes de sueur au-dessus de la lèvre.

« Je vous prie de me suivre à la Police judiciaire.

— Très bien ; mais est-ce que je peux savoir le pourquoi de tout ceci ?

— Je pense que vous avez beaucoup de choses à nous dire sur les crimes qui ont été commis à Montmartre, ces derniers mois.

— Je ne comprends pas.

— Tout à l'heure, dans mon bureau, je vous expliquerai. »

La veste est retrouvée

En arrivant à son bureau, Maigret trouva les journalistes devant sa porte.

« C'est le vrai, cette fois ? » demanda le petit Rougin, pendant que le commissaire et Moncin traversaient le couloir. Maigret ne répondit pas.

« Asseyez-vous, monsieur Moncin. Vous pouvez, si vous voulez, faire comme moi et enlever votre veste.

— Non, merci. »

Maigret rangea d'abord les papiers qui étaient sur son bureau, remplit sa pipe, sans se presser, lut une ou deux notes, puis demanda :

« Il y a longtemps que vous êtes marié, monsieur Moncin ?

— Douze ans.

— Et quel âge avez-vous ?

— Trent-deux ans. Je me suis marié jeune.

— Vous êtes architecte ?

— Je n'ai pas le diplôme*, mais je donne des idées à ceux qui veulent faire leur maison plus belle ; je suis un artiste. Les tableaux que vous avez vus dans mon bureau, c'est moi qui les ai faits. »

Maigret se rappelait : des tableaux faits de ronds et de lignes aux formes compliquées, une peinture triste, où l'on voyait surtout du rouge et du noir.

« Il est plus facile, bien sûr, d'être peintre que d'être architecte.

— Vous voulez dire que je n'étais pas assez intelligent pour devenir architecte ? D'autres me l'ont dit aussi. Et c'est peut-être vrai.

— Vous avez beaucoup de clients ?

— Non, je travaille seulement pour les gens qui me comprennent.

— Dans quel quartier de Paris êtes-vous né ? »

Moncin attendit une ou deux secondes avant de répondre :

« A Montmartre, rue Caulaincourt.

— Vous avez habité là longtemps ?

— Jusqu'à mon mariage. Ma mère habite toujours la maison où je suis né. Mon père est mort.

— Quel était son métier ?

— Il était boucher. »

On frappa à la porte. Maigret se leva, ouvrit, sortit dans le couloir et revint quelques secondes après avec quatre hommes qui ressemblaient assez à Moncin.

« Voulez-vous vous lever, monsieur Moncin, et vous mettre à côté de ces messieurs ? »

On frappa de nouveau.

« Entrez », cria le commissaire.

On vit entrer la femme-agent, Marthe Jusserand. Un peu étonnée d'abord, elle avait vite compris pourquoi elle était là. Elle regarda lentement les cinq hommes debout contre le mur et, montrant Moncin du doigt, dit :

« C'est lui, je suis presque sûre que c'est lui. »

Elle s'approcha et regarda Moncin de côté :

« Oui, c'est lui, mais les yeux n'étaient pas si bleus ; le costume n'est pas le même non plus.

— Je vous remercie, dit Maigret, vous pouvez partir. »

Lognon était entré en même temps que Marthe Jusserand ; il regarda Moncin et dit à Maigret :
« J'ai déjà vu cette tête quelque part, mais où ?
— Ça ne m'étonne pas, il est né à cinq cents mètres de l'endroit où tu habites.
— Je l'ai vu, et je lui ai parlé, mais quand ? Pourquoi ? Impossible de me souvenir.
— Je vais chez Mme Moncin, la mère, tu viens ? »

La maison de la mère était moins belle que celle du fils. Maigret sonna.
La femme qui vint ouvrir était encore jeune, mais on voyait remuer sans arrêt ses bras maigres et ses épaules.
« Qu'est-ce que vous voulez ?
— Commissaire Maigret. Vous avez vu votre fils, hier au soir ?
— Pourquoi me demandez vous ça ? Mon fils n'a rien à faire avec la police.
— Répondez, s'il vous plaît. Je pense que votre fils vous rend visite de temps en temps ?
— Souvent.
— Avec sa femme ?
— Qu'est-ce que ça peut vous faire ?
— Il est venu hier au soir ?
— Non, mais allez-vous m'expliquer pourquoi toutes ces questions ? Je suis chez moi, je suis une honnête femme. Je ne vous répondrai plus.
— Madame Moncin, il se passe des choses très sérieuses : votre fils est interrogé par la police ; nous pensons qu'il a tué cinq femmes, depuis quelques mois.

— Qu'est-ce que vous dites ?
— Je dis que c'est sans doute lui qui a assassiné les cinq femmes du quartier Montmartre ; il a recommencé hier au soir, mais il a manqué son coup !
— Quoi ? Mon Marcel, un assassin ? Eh bien, je vous dis moi que ce n'est pas vrai ; Marcel n'a jamais fait de mal à personne.
— Votre fils n'est pas venu vous voir dans la journée d'hier ? »
Elle répéta avec force :
« Non, non, non.
— Dites-moi, madame Moncin, quand il était enfant, est-ce qu'il a fait une grosse maladie ?
— Non, il a fait de petites maladies, comme tous les enfants ; qu'est-ce que vous voulez me faire dire ? Qu'il est fou ?
— Lorsqu'il s'est marié, vous étiez d'accord ?
— Oui, c'est moi qui ai eu l'idée de ce mariage ; je pensais avoir trouvé quelqu'un de bien...
— Et elle n'est pas bien ?
— Ce ne sont pas vos affaires. Vous avez arrêté Marcel ?
— Il est dans mon bureau, quai des Orfèvres.
— Vous allez le mettre en prison ?
— Peut-être, la jeune fille qu'il a attaquée, la nuit dernière, l'a reconnu.
— Elle ment, ce n'est pas vrai. Je veux voir mon fils. Emmenez-moi quai des Orfèvres. »
Ses yeux étaient comme brillants* de fièvre.
« Je vous emmène », dit Maigret.
Dans les couloirs de la Police judiciaire, elle vit les photographes et marcha droit sur eux, le point levé : ils reculèrent.
Dans le bureau de Maigret, il n'y avait que son fils.
« N'aie pas peur, Marcel, je suis ici. Est-ce qu'ils t'ont frappé ?

— Mais non, maman.
— Ils sont fous, je te dis qu'ils sont fous ! Mais je vais aller voir le meilleur avocat* de Paris. J'écrirai au ministre, au président de la République, s'il faut.
— Calme-toi, maman.
— Asseyez-vous, madame, dit Maigret.
— Je ne veux pas m'asseoir, je veux qu'on me rende mon fils.
— Veuillez vous asseoir, madame, et répondre à quelques questions.
— Rien du tout ! N'aie pas peur, Marcel. Je m'occupe de toi. Je reviendrai bientôt. »
Et, avec un regard méchant pour Maigret, elle sortit.
« Laissez-la partir », dit Maigret. Puis il se retourna vers Moncin.
« Votre mère vous aime beaucoup ?
— Elle n'a plus personne ; je suis son seul enfant.
— Elle était heureuse avec votre père ?
— C'était un boucher.
— Et alors ? C'est un vilain métier ?
— Je n'ai pas dit ça. Laissez ma mère en paix. Et ma femme aussi. Elles ne savent rien et ne vous diront rien. Et moi non plus. »
Maigret appela Janvier.
« Interroge-le, sur lui, sur sa vie, sur ses amis, sur la veste brûlée. Demande-lui ce qu'il faisait les jours où les cinq femmes ont été assassinées. Essaie de savoir pourquoi sa mère et sa femme ne s'aiment pas. »
Il était midi et demi. Maigret entra au restaurant « Dauphine ». Il était fatigué, triste. Et pourtant, les choses ne marchaient pas mal ! Il fallait trouver la veste : mais les pauvres qui tendent la main au coin des rues ne sont pas tellement nombreux dans Paris.
Ce qui gênait Maigret, c'était de ne pas comprendre

« N'aie pas peur, Marcel. Je m'occupe de toi. »

pourquoi cet homme avait tué. On comprend le geste de celui qui vole, et ensuite tue pour ne pas être pris, ou un mari que sa femme a quitté, ou le crime d'un homme qui a trop bu. Mais Moncin ? C'était un garçon intelligent, menant une vie calme, et qui avait un assez bon métier.

Quand Maigret revint à son bureau, un homme sale et mal habillé était là, qui attendait, entre deux gendarmes ; du premier coup d'œil, Maigret reconnut la veste de Moncin !

« Où a-t-il trouvé ça ?

— Au bord de la Seine, ce matin. »

Maigret regarda la veste et vit le trou de la cigarette à la place du bouton.

— Portez ça chez Moers ; qu'il essaie de savoir si c'est brûlé depuis plusieurs jours ou si on a fait ça ce matin. »

Janvier était toujours avec Moncin ; Maigret regarda les notes de l'interrogatoire et n'y vit rien d'intéressant. Il passa dans le bureau voisin où Lognon l'attendait.

« On a visité sa chambre ; on a ramassé des coupe-papier et un couteau, avec une lame de huit centimètres. »

Maigret pensa à ce qu'avait dit le docteur qui avait regardé les blessures : on avait frappé avec une lame étroite.

Il revint à son bureau.

« Nous avons retrouvé votre veste, monsieur Moncin.

— Sur les bords de la Seine ?

— Oui...

— Je prends ta place », dit Maigret à Janvier.

Quand la porte fut refermée, il retira sa veste, s'assit devant son bureau et, pendant cinq minutes, regarda Moncin sans rien dire.

« Vous êtes très malheureux, n'est-ce pas ? »

Moncin ne bougeait pas. Enfin, il dit :

« Pourquoi serais-je malheureux ?

— Quand avez-vous compris que vous n'étiez pas comme les autres ?

— Vous pensez que je ne suis pas comme les autres ?

— Lorsque vous étiez jeune, vous sentiez déjà en vous quelque chose qui n'allait pas ? »

Maigret cherchait ses mots : il savait qu'il ne devait pas se tromper, une seule question mal posée, et Moncin s'enfermerait dans le silence.

« Vous savez que les juges comprendront très bien votre... comment dire ? votre maladie. Vous n'irez pas en prison.

— Je n'irai pas en prison, parce que je ne suis pas coupable ; maintenant, je ne vous dirai plus rien. »

La victime qu'on n'attendait pas...

Dans l'après-midi, Maigret monta au laboratoire. Moers était là.

« Vous avez reçu ma note, Commissaire ?
— Non.
— Je viens de vous l'envoyer. C'était pour vous dire que j'avais fini mon travail sur la veste de Moncin : le tissu a été brûlé depuis moins de douze heures. Si vous permettez, je vais brûler deux autres endroits pour faire un essai, et être tout à fait sûr. »

Maigret fit oui de la tête et redescendit.

Le matin, Moncin était passé devant le médecin, et maintenant des employés de la Police judiciaire le photographiaient de face et de côté, comme on fait pour tous ceux qui vont peut-être entrer en prison.

Les journaux aussi paraissaient avec des photos de Moncin prises le matin, quand il était arrivé quai des Orfèvres.

Depuis plusieurs heures, des inspecteurs circulaient dans Montmartre, posant sans fin la même question aux employés du métro, aux commerçants, à tous ceux qui auraient pu voir l'architecte les jours où l'assassin avait tué.

Maigret se fit conduire en auto au 28 de la rue Dufour. La jeune domestique de Moncin vint ouvrir :

« Votre collègue est déjà là », lui dit-elle.

C'était Janvier qui, tout le matin, avait étudié les papiers de Moncin, regardé dans tous les meubles et qui, maintenant, faisait une note sur tout ce qu'il avait vu d'intéressant.

« Où est sa femme ? demanda Maigret.

— Elle vient de me dire qu'elle était fatiguée ; elle est dans sa chambre.

— Elle t'a parlé ?

— Très peu ; de temps en temps, elle venait voir ce que je faisais. Je n'ai rien trouvé de très intéressant.

— Et la domestique ?

— Nous avons parlé. Elle est là depuis six mois. Les Moncin ont une vie très simple ; ils ont peu d'amis. De temps en temps, ils vont passer le dimanche chez ses parents à elle.

— Qu'est-ce qu'ils font, ses parents ?

— Le père était pharmacien ; mais il n'est plus très jeune, il a vendu sa pharmacie. »

Janvier montra à Maigret la photographie d'un groupe, dans un jardin. On voyait Moncin en veste d'été, un homme aux cheveux gris à côté d'une femme assez grosse qui souriait, la main posée sur le toit d'une vieille auto.

« En voici une autre, dit Janvier. La jeune femme est la sœur de Mme Moncin ; elle a aussi un frère qui vit en Afrique. »

Il y avait une pleine boîte de photos, surtout de Mme Moncin et de sa famille.

« J'ai aussi trouvé quelques lettres de ses clients, assez peu : il ne faisait pas beaucoup d'affaires.

mike McPhail

veste
1. un ~~morceau de tissu~~
2. un bouton
×3. cinq
4. M. Moncin, il est
5. une architecte
6. ~~La~~ Mme. Moncin
7. ~~Quel est~~ Oui
8. Il l'a ~~brûle~~
jette

Des lettres de commerçants aussi qui écrivaient (souvent plusieurs fois) pour être payés. »

Mme Moncin, qui avait entendu parler, était revenue dans la pièce. Elle avait le visage fatigué.

« Vous n'avez pas ramené mon mari ?

— Je le ramènerai s'il nous donne les explications que je lui demande.

— Vous croyez vraiment que c'est lui ? »

Maigret ne répondit pas. Elle leva les épaules et dit :

« Vous verrez, un jour, que vous vous êtes trompé, et que vous lui avez fait du mal pour rien.

— Vous l'aimez ?

— C'est mon mari. »

La réponse n'était pas très claire. Elle continua :

« Vous l'avez mis en prison ?

— Pas encore. Il est dans mon bureau. On a encore des questions à lui poser.

— Qu'est-ce qu'il dit ?

— Il ne veut pas répondre. Et vous, vous n'avez rien à me dire ?

— Rien.

— Comprenez bien, madame, même si votre mari est coupable, il ne sera pas jugé comme un criminel ; je le lui ai dit. Un homme qui, sans raison, tue cinq femmes dans la rue, est un malade. Dans ses moments de calme, il peut tromper ceux qui l'entourent, vivre avec sa famille comme un homme normal. Mais c'est tout de même un malade. Vous m'écoutez ?

— J'écoute. »

Elle écoutait peut-être, mais elle avait l'air de penser à autre chose, comme si on ne parlait pas de son mari, mais d'un étranger qu'elle n'aurait pas connu.

« Cinq femmes sont mortes, continuait Maigret.

Toutes tuées dans la rue. Mais il peut changer d'idée, s'attaquer aux gens qui vivent près de lui. Vous n'avez pas peur ?
— Je n'ai pas peur.
— Vous ne pensez pas que, pendant des années, vous avez été en grand danger ?
— Non. »
Le calme de cette femme était étonnant. Maigret la regardait et essayait de comprendre. Elle demanda :
« Vous avez vu sa mère ?
— Elle est venue à la Police judiciaire et nous a dit des choses très désagréables... Elle ne vous aime pas beaucoup, pourquoi ?
— Je n'aime pas parler de ça. Ce sont nos affaires. Vous allez me rendre mon mari ?
— Non, pas maintenant. »

Maigret et Janvier étaient allés dîner. Ils avaient laissé Lucas avec Moncin, pour voir s'il pourrait le faire parler.

Le soir, vers 9 heures, Moncin, Maigret et Marthe Jusserand se retrouvèrent à l'endroit même où la jeune fille avait été attaquée.

On avait obligé Moncin à remettre le vêtement brûlé.

« Il faisait aussi nuit que maintenant ? demanda Maigret.
— Oui, c'était la même chose.
— Maintenant, mettez-vous près de lui, comme vous étiez hier, et regardez-le bien. »

La jeune fille s'approcha, se déplaça deux ou trois fois.

« Vous le reconnaissez ?
— Je dois dire la vérité, n'est-ce pas ?
— Seulement la vérité, mais toute la vérité.
— Je suis sûre que c'est lui. »
<u>Et tout d'un coup cette fille, pourtant courageuse, se mit à pleurer.</u>

« Vous avez entendu ? » dit Maigret à Moncin.
— J'ai entendu.
— Vous n'avez rien à dire ?
— Rien. »
Le travail de Maigret était terminé. Au juge de faire le sien.

Il aurait dû être content : son piège avait bien marché. Le coupable était arrêté. Seulement, voilà, il n'avait toujours pas la réponse à sa question : <u>*pourquoi ?*</u>

Il ne comprenait toujours pas ce qui s'était passé dans l'esprit de Moncin ; ni dans celui de sa femme.

Maigret s'était fait reconduire chez lui.
« Tu as l'air fatigué, dit Mme Maigret. Mais maintenant, c'est fini.
— Qui a dit ça ?
— Les journaux, la radio aussi.
— D'une façon, c'est fini, oui.
— J'espère que tu vas dormir et te reposer demain matin.
— J'espère aussi.
— Tu n'as pas l'air content ?
— Tu sais, c'est souvent comme ça, dans ces sortes d'affaires. »

Depuis combien de temps dormait-il quand le téléphone se mit à sonner ? Il n'aurait pas pu le dire.

Il laissa sonner un long moment, puis tendit le bras et prit l'appareil.

« Allô ?...

— C'est vous, monsieur le Commissaire ?

— Qui est-ce qui parle ?

— Ici, Lognon... Je vous demande pardon de vous réveiller... vous m'entendez ?

— Oui, je t'écoute, où es-tu ?

— A Montmartre, rue de Maistre... un nouveau crime vient d'être commis.

— Quoi ?

— Une femme... à coups de couteau... sa robe est déchirée...

— Vous êtes sûrs ? Allô, Lognon...

— Oui, je suis là, j'écoute.

— Quand ?

— Vers 11 heures et demie.

— J'arrive.

— Encore une ? » demanda Mme Maigret.

Il fit oui de la tête, et dit :

« Appelle-moi la Police judiciaire, pendant que je m'habille.

— Je croyais que l'assassin était arrêté ?

— Je pense qu'il l'est toujours.

— Allô ! la Police judiciaire ? C'est toi, Lucas ? Tu sais ce qui se passe ? Est-ce que notre homme est toujours là ?... oui ?... il est là... Bon, j'arrive. Envoie-moi une voiture. »

Rue de Maistre, il vit un groupe d'une vingtaine de personnes, à un endroit mal éclairé. Lognon était là, et aussi un médecin et des infirmiers qui attendaient les ordres. Une femme était couchée le long du mur ; du sang coulait encore sur le trottoir.

« J'ai compté six coups de couteau, dit le médecin.
— Toujours dans le dos ?
— Non, quatre dans la poitrine, et un autre au cou. Quelques blessures aussi aux bras et aux mains.
— On a trouvé les papiers de la victime ?
— Oui, dit Lognon, dans son sac : c'est une jeune domestique qui travaille chez des commerçants du quartier.
— Quel âge ?
— Dix-neuf ans. »

Maigret n'eut pas le courage de la regarder, elle avait une robe bleu pâle, sa plus belle robe peut-être. Sans doute était-elle allée danser. Pauvre fille !

Maigret se tourna vers Lognon.

« Tu as donné des ordres ?
— J'ai mis sur le quartier tous les agents que j'ai pu trouver. »

Il fallait le faire, bien sûr, mais Maigret savait bien que tout ça ne servirait à rien, encore une fois.

Une auto arrivait ; elle s'arrêta près du groupe : c'était Rougin, le journaliste.

« Alors, monsieur le Commissaire, l'homme d'hier, ce n'était pas encore le vrai ? »

Maigret ne répondit pas. Il remonta dans sa voiture...

« Où allons-nous, patron ? demanda le chauffeur.
— Descendez vers la place Clichy. »

Il n'avait plus sommeil. Il fit arrêter la voiture près d'un café qui était encore ouvert et demanda une bière. Il fuma trois pipes, l'une après l'autre, sans retrouver le calme.

75

Jusque-là, tout avait si bien marché ! Mais il avait commis une faute, il le savait ; il y avait une chose à laquelle il n'avait pas pensé : *il aurait dû surveiller quelqu'un*... Et il ne l'avait pas fait. Et une pauvre fille était morte, en revenant de danser, morte dans sa belle robe bleue...

Et que penseraient ses agents, ses collègues, demain matin, quand ils liraient les journaux ? Que penseraient-ils de lui, Maigret ?

Et le juge Coméliau ? Il entendait déjà son coup de téléphone !...

Il se fit conduire quai des Orfèvres. Il passerait la nuit dans son bureau. Là, il aurait tout le temps de penser à ce qu'il fallait faire. Il téléphona à sa femme et lui dit qu'il ne rentrerait pas.

Il téléphona ensuite à Janvier et à Lucas en leur demandant d'être là dès 5 heures du matin. Puis il s'assit à son bureau et ferma les yeux.

Il était cinq heures moins 5 quand un agent lui apporta une tasse de café. Janvier était là.

« Et Lucas ? demanda Maigret.

— Me voilà, patron !

— Bon, toi, Janvier, tu vas chez sa mère et tu la ramènes ici ; attention ! ça ne sera pas facile. Quant à toi, Lucas, tu iras me chercher la femme de Moncin. Quand elles seront là, vous les mettrez toutes les deux dans le même bureau et vous reviendrez me voir.

— Les journalistes sont déjà dans le couloir, patron ; ça ne fait rien ?

— Non, laissez-les. »

Maigret avait toujours, dans un coin de son bureau, ce qu'il faut pour se laver et se raser. En un quart d'heure, il fut prêt.

Il regardait les quais, par la fenêtre. Il faisait jour, maintenant. Des bateaux glissaient sur la Seine.

Là-bas, près du pont, un pêcheur surveillait sa ligne...

On entendit un bruit dans le couloir et une femme qui parlait. Maigret reconnut la mère de Moncin.

« Ça y est, dit Janvier, en entrant dans le bureau ; elle est là. Elle ne voulait pas m'ouvrir, j'ai dit que j'allais faire démolir la porte... Elle a fini par s'habiller et me suivre. »

Une dizaine de minutes plus tard, Lucas arrivait à son tour.

« Tu les as mises ensemble ? demanda Maigret.

— Oui, mais elles ne se sont pas regardées... qu'est-ce que je fais maintenant ?

— Va dans le bureau qui est à côté, mets-toi près de la porte, et écoute.

— Et si elles ne disent rien ?

— On verra bien. Il faut tout essayer. »

Maigret comprend et gagne

Deux heures après, les deux femmes n'avaient encore rien dit. Elles restaient assises, sans bouger, comme si elles ne se connaissaient pas.

« Faites-leur porter des journaux », dit Maigret.

Un agent posa les journaux bien en vue ; sur tout le haut de la première page on pouvait lire :

« *Nouveau crime à Montmartre* »

Maigret avait envoyé deux inspecteurs interroger les concierges des deux femmes. Pour la mère, tout était facile : il y avait une seconde porte, dans la cour ; elle pouvait donc entrer et sortir sans être vue. Pour la femme, c'était plus compliqué : la concierge fermait la porte vers 11 heures du soir. Avant onze heures, elle ne faisait pas trop attention aux gens qui entraient et sortaient, mais après 11 heures, il fallait sonner et donner son nom en passant la porte.

« La concierge n'a ouvert à personne après 11 heures. Mais les voisins disent qu'elle boit beaucoup et qu'elle ne sait plus très bien, le soir, ce qu'elle fait. »

D'autres informations arrivaient. On savait que Moncin et sa femme s'étaient connus à l'école. Que pendant quelques mois le ménage avait habité un appartement juste en face de celui de la mère de Moncin.

« Allez me cherchez Moncin, dit Maigret. Et si le juge téléphone, dites que je suis sorti et que je reviendrai dans une heure. »

Moncin entra sans rien dire; il n'avait pas dû dormir beaucoup; la fatigue se voyait sur son visage. Maigret lui tendit le journal.

Pendant qu'il lisait, son front devenait sombre, ses poings se serraient : on voyait qu'il n'était pas content.

« Comme vous voyez, dit Maigret, quelqu'un essaie de vous sauver. Et pour ça tue une pauvre fille venue à Paris pour gagner sa vie. Beau travail ! Votre mère et votre femme sont ici, continua Maigret; tout à l'heure on les amènera et vous vous expliquerez. »

Que se passait-il dans la tête de Moncin ? Il serra les dents et jeta à Maigret un regard méchant. Mais peut-être avait-il peur aussi.

« Vous ne voulez toujours pas parler ? demanda Maigret.

— Je n'ai rien à dire.

— Vous ne pensez pas que cette histoire doit finir ? Si vous aviez parlé hier, il y aurait une victime de moins.

— Ce n'est pas ma faute.

— Laquelle des deux a essayé de vous sauver ? Vous vous taisez ? Je vais vous dire, moi, ce que vous êtes : un malade, un fou, car un homme normal ne ferait pas ce que vous faites. »

Maigret, maintenant, cherchait des mots désagréables, quelque chose qui obligerait enfin cette bouche à s'ouvrir.

« Ça vous gênait d'être fils de boucher, hein ? Comme ça gênait votre mère de dire qu'elle était la femme d'un boucher; alors pourquoi s'est-elle mariée ? Parce que votre père avait un peu d'argent;

mais elle voulait que son enfant soit élevé comme un fils de ministre. Elle ne vivait que pour vous, vous achetait les plus beaux costumes, les plus beaux jouets*... »

Moncin se taisait toujours.

« Cela ne vous a pas gêné, fatigué, d'être aimé comme cela ? d'être soigné, surveillé comme une fille et, pour tout dire, comme un malade ? Vous auriez pu vous défendre, demander votre liberté, comme beaucoup d'autres ont fait. Mais vous ne l'avez pas voulu parce que vous êtes à la fois un garçon sans courage et surtout un orgueilleux...

« Ne croyez pas que je vous dise tout ça parce que je suis votre ennemi ; non, pour moi, vous êtes surtout un malheureux ; je vous parle sans haine*, sans méchanceté ; croyez-moi ; j'essaie de vous comprendre et, en même temps, je voudrais que *vous* me compreniez.

« Je sais que vous êtes intelligent, mais je voudrais aussi que vous ayez du cœur. »

Moncin le regardait sans bouger et sans rien dire ; Maigret, lui, attendait toujours un geste, un regard, un mot, qui lui ferait deviner ce qu'il y avait derrière ce visage silencieux.

« Je ne suis pas sûr que vous aimiez votre femme : vous n'aimez que vous. Vous vous êtes marié, poussé par votre mère, en pensant que vous seriez un peu plus libre. Votre mère, elle, pensait que cette jeune femme lui obéirait*, comme vous aviez obéi. Seulement, là, elle s'est trompée. Votre femme, au bout de quelque temps, n'a plus voulu partager. Elle a voulu vous avoir pour elle toute seule. Et vous avez quitté l'appartement de votre mère. Une nouvelle vie a commencé, mais c'était toujours la même chose, votre femme a pris la suite de votre mère : à elle aussi, il fallait obéir, elle aussi vous regardait comme un enfant, qu'il faut toujours surveiller, comme un malade... Et ces deux femmes ont fait naître en vous une haine terrible, car toutes les deux vous *empêchaient d'être un homme*. Et c'est alors que vous avez pensé à tuer, à *les* tuer. Seulement, là, vous avez eu peur : la police vous aurait tout de suite accusé.

« Et puis vous avez besoin de ces deux femmes ; bien sûr, vous étiez leur chose, leur jouet*, mais au moins, elles, elles vous aimaient.

« J'ai dit qu'elles vous empêchaient d'être un homme ; mais non, vous *n'étiez pas* un homme ! »

Maigret, la sueur au front, se leva et alla vers la fenêtre. Moncin le suivait des yeux, sans rien dire, sans bouger.

« Vous ne dites rien, continua Maigret. Vous ne répondez pas. Parce que vous savez que j'ai raison ; c'est votre orgueil qui vous empêche de parler. Et c'est aussi votre orgueil qui vous a poussé à tuer. Vous vouliez être quelqu'un. Mais comment ? Pas dans votre métier, vous n'êtes pas un vrai architecte. Pas dans votre famille : vous avez toujours obéi.

« Alors, parce que votre malheur venait des femmes, vous avez voulu frapper les femmes. Et vous avez tué votre première victime. Oh ! vous aviez bien calculé votre affaire, pris toutes vos précautions : vous ne vouliez pas aller en prison, ou être enfermé avec les fous. Vous êtes un criminel, Moncin, mais un criminel qui *ne veut pas payer le prix*. Vous êtes un criminel qui a besoin d'être aimé, soigné, qui a besoin d'une vie confortable. Tenez, si vous n'étiez pas un malade, je crois que je vous frapperais, oui, je suis sûr que la peur des coups vous ferait parler, vous ferait lâcher votre sale secret... »

Maigret devait être terrible à voir ; Moncin, les yeux agrandis par la peur, était devenu couleur de terre.

81

« N'ayez pas peur, dit Maigret en revenant à son bureau, je ne vous frapperai pas ; je n'ai jamais frappé un suspect...

« Il y a pourtant quelque chose que je voudrais savoir : est-ce que vraiment votre femme et votre mère vous croient coupable ? Je pense que oui. Au moins, l'une des deux. Et celle-là a essayé de vous sauver, elle a essayé, en tuant elle-même, exactement* comme vous aviez fait : coups de couteau, vêtements déchirés... Quand je dis *exactement*, ce n'est pas tout à fait vrai, car il y a quelques petites différences ; mais nous en reparlerons... »

Maigret appela Janvier.

« Fais venir les deux femmes. »

Il avait besoin d'en finir. S'il n'arrivait pas au bout dans la demi-heure qui allait venir, Maigret comprit qu'il ne saurait plus jamais la vérité.

« Entrez, mesdames. »

Il leur tendit une chaise à chacune.

« Écoutez-moi je n'essaie pas de vous tromper... Ferme la porte, Janvier... Non, ne sors pas. Reste là, prends des notes... Je dis que je n'essaie pas de vous tromper, de vous faire croire que chacun de vous m'a tout dit, en vous interrogeant les uns après les autres. Non, nous allons essayer de regarder la vérité en face, tous ensemble. »

La mère n'avait pas voulu prendre la chaise que Maigret lui tendait. Yvonne Moncin, elle, s'était assise au bord de sa chaise et écoutait sans bouger, très calme, comme si Maigret ne parlait pas pour elle.

« De toute façon, continua Maigret, qu'il parle

82

ou non, Marcel Moncin ira en prison, ou sera enfermé chez les fous : trop de choses l'accusent. Mais l'une de vous deux a pensé qu'en tuant encore une fois elle ferait croire que Marcel n'était pas le vrai coupable. Il me reste à savoir qui, de vous deux, a tué une jeune domestique, rue de Maistre, cette nuit. »

La mère s'était approchée, l'air mauvais, les dents serrées.

« Vous ne pouvez pas nous interroger tant que nos avocats ne sont pas là.

— Asseyez-vous, madame, s'il vous plaît, et dites-moi, tout simplement, si vous êtes coupable ou non.

— Coupable, moi ! Il m'accuse, maintenant : Soyez poli, monsieur... »

Elle frappa sur le bureau, l'œil brillant de haine.

« Je vous demande encore une fois de vous asseoir ; sinon, je vous envoie chez mon collègue et j'interroge votre fils et sa femme sans vous... »

Laisser son fils seul, aux mains de ces fous ? Elle se calma tout d'un coup et s'assit.

« Donc, une de vous a eu le courage de commettre un nouveau crime. Elle savait, si elle était prise, quelle serait sa punition : la mort. Elle sait donc qu'elle ne reverra peut-être plus jamais ce mari — ce fils — qu'elle aime plus que tout, plus que la vie, mais elle essaie quand même de le sauver. Je suis obligé de dire qu'un tel amour est à la fois grand et terrible. Mais laquelle de vous deux pouvait aimer cet homme avec assez de force pour...

— Ça m'est égal de mourir pour mon fils. C'est mon enfant, oui, mon enfant à moi, vous entendez ? »

Debout, le visage penché vers Maigret, la mère de Marcel s'accusait.

« C'est vous qui avez tué Jeanne Laurent ?

« Ça m'est égal de mourir pour mon fils. »

— Je ne sais pas son nom... oui, c'est moi...
— Vous pouvez me dire, alors, la couleur de sa robe ?
— Je ne me rappelle pas, il faisait nuit.
— Pardon ! il y avait une lampe qui éclairait la rue, juste à cet endroit-là...
— Il me semble qu'elle était grise.
— Non, la robe était bleue, monsieur le Commissaire... »

C'était Yvonne Moncin qui venait de parler, toujours aussi calme, comme une bonne élève, qui, à l'école, lève le doigt et donne la bonne réponse...

Il y eut une longue minute de silence.

La mère s'était assise, tout d'un coup vieillie de dix ans. Moncin, plié en deux sur sa chaise, ne bougeait plus. Peut-être pleurait-il ?

« Tu continueras, dit Maigret à Janvier. Je vais donner un coup de téléphone au juge. Après, j'irai dormir. Tu répondras aux journalistes. »

Maigret s'était couché sans même manger un morceau. Quand il se réveilla, à six heures du soir, sa femme était près de lui.

« Tu te lèves ?

— Je me lève ; ce soir, nous irons au cinéma. Et demain, j'irai à la gare chercher deux billets pour la Bretagne... »

Exercices

RECONNAISSEZ CES VERBES

Modes et temps : (imp.) = imparfait - (fut.) = futur - (p.s.) = passé simple - (cond.) = conditionnel - (sub.) = subjonctif.

TEXTE	INFINITIF	INDICATIF PRÉSENT
Il s'en alla (p.s.)	s'en aller	Il s'en va
Il aurait (cond.)	avoir	Il a
Vous auriez (cond.)	avoir	Vous avez
Qu'il y ait (sub.)	avoir	Il a
Vous aviez (imp.)	avoir	Vous avez
Il apparut (p.s.)	apparaître	Il apparaît
Il comprit (p.s.)	comprendre	Il comprend
Qu'il connaisse (subj.)	connaître	Il connaît
Il devrait (cond.)	devoir	Il doit
Il faudrait (cond.)	falloir	Il faut
Il faudra (fut.)	falloir	Il faut
Il fallut (p.s.)	falloir	Il faut
Il fut (p.s.)	être	Il est
Ils furent (p.s.)	être	Ils sont
Il pourrait (cond.)	pouvoir	Il peut
Il serait (cond.)	être	Il est
Qu'il soit (sub.)	être	Il est
Qu'ils soient (sub.)	être	Ils sont
Que vous soyez (sub.)	être	Vous êtes
Il viendrait (cond.)	venir	Il vient
Je voudrais (cond.)	vouloir	Je veux
Veuillez (impératif)	vouloir	Vous voulez
Ils voyaient (imp.)	voir	Ils voient

AVEZ-VOUS BIEN RETENU LES MOTS DU LEXIQUE ?

Notez vos réponses sur une feuille de papier et contrôlez en regardant le tableau au bas de la page 89.

1. Le *poignet* vient après A la main
 B le pied
 C la tête

2. *Semblable* veut dire A qui est ensemble
 B qui est pareil
 C qui a fait une faute

3. *Souffrir* c'est A rire un peu
 B ouvrir à moitié
 C avoir très mal

4. On est en *sueur ?*
 A quand il fait très chaud ?
 B quand on est seul ?
 C quand on sait beaucoup de choses ?

5. Qui a sûrement tué la *victime ?* A l'accusé ?
 B le coupable ?
 C le suspect ?

6. Le mot *comédie* va bien avec quel autre mot ?
 A crime
 B rôle
 C prison

7. On ne me dit rien, et *pourtant* je sais, je vois, je comprends ; cela c'est A deviner
 B interroger
 C obéir

8 Où sont les choses qui glissent ? (*deux lettres*)

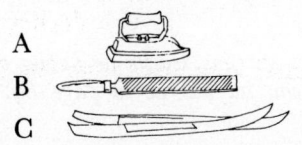

   A
   B
   C

9 Il a peur de tout, il est A imprudent
                             B inquiet
                             C calme

10 Je *commets* A un cadeau
               B un crime
               C une plaisanterie

11 *Exactement* est fait avec l'adjectif *exacte* + *ment*.
   Avec quels autres adjectifs est-ce que je peux
   faire des adverbes en *ment* ? A calme
                                   B célèbre
                                   C inquiet
                                   D adroit

12 Quand met-on des *pantoufles* ?
   A le soir à la maison ?
   B au cinéma ?
   C à l'école ?

13 Il a fait le *plan* de ma maison,
   c'est un A domestique
            B architecte
            C policier

14 Qu'est-ce qui n'est pas *silencieux* ?
   A un coup de pistolet ?
   B un monsieur en pantoufles ?
   C une larme qui glisse sur un visage ?

15 A quoi sert une *note écrite ?* A à plaisanter ?
                                    B à s'informer ?
                                    C à s'échapper ?

16 Quel est l'animal le moins dangereux ?
    A la souris ?
    B le serpent ?
    C le chien ?

RÉPONSES	13 B	9 B	5 B	1 A
	14 A	10 B	6 B	2 B
	15 B	11 A-D	7 A	3 C
	16 A	12 A	8 A-C	4 A

Lexique

accuser : penser que quelqu'un a fait quelque chose de mal et le dire.

une action : un mouvement ; ce que quelqu'un a fait de bien *(bonne action)* ou de mal *(mauvaise action)*.

alliance : ici, bague que portent les gens mariés.

apparaître : arriver, se montrer.

un architecte : celui qui dessine les plans* d'une maison.

arrêter un criminel : le prendre et le mettre en prison*.

un assassin : celui qui a tué et que la police recherche.

attaquer : aller à l'ennemi et se battre.

un avocat : celui qui défend un accusé* devant les juges.

un bar : a) un café moderne. b) dans un café, endroit où l'on boit debout.

de la bière :

briller : donner beaucoup de lumière : le soleil *brille*. On dit aussi que le verre, l'eau, l'or, etc. *brillent* à la lumière.

calme : tranquille, qui ne fait pas de grands mouvements.

des cartes (jouer aux cartes) :

célèbre : se dit d'une personne très importante, connue de tout le monde. Napoléon est *célèbre*.

le cerveau : partie intérieure de la tête où naît la pensée.

un collègue : un camarade de travail.

une comédie : a) une pièce de théâtre où l'on rit. b) une suite d'actions* et de mensonges bien arrangés pour tromper quelqu'un.

commettre : faire une mauvaise action : *commettre* un crime.

LES ARMES

- la corde
- la bombe
- le poignard
- l'atraque
- le poison
- le pistolet
- la balle
- le revolver

LE CRIME

- le criminel (l'assassin)
- la victime
- le témoin

LA POLICE

- l'agent de police
- l'inspecteur de police
- le commissaire de police

LA JUSTICE

- le Juge d'instruction
- le dossier (notes-rapports)
- l'interrogatoire
- les suspects
- l'enquête

LE TRIBUNAL

- la preuve
- les Juges
- l'accusé
- l'avocat général
- l'avocat (la défense)
- le Jury
- Coupable ? condamné
- l'accusé
- Innocent ? libéré

un commissaire de police : chef de la police. Il travaille dans un *commissariat*.

un concierge : dans les grandes maisons où il y a plusieurs appartements, c'est l'employé qui surveille la porte.

contrôler : regarder de près si tout va bien, si tout est en ordre.

un couloir : la partie longue et étroite d'une maison où on passe pour aller dans les chambres.

un coupable : celui qui a fait le mal et qui doit être puni.

un crime : la mauvaise action d'un criminel.

un criminel : celui qui a commis* un crime, une grosse faute.

la date : le jour, le mois, l'année. Pour les Français, le 14 Juillet est une *date* importante.

deviner : dire ce qui va se passer, comme si on voyait les choses avant qu'elles arrivent.

un diplôme : un papier qui dit qu'on a fait des études et qu'on a réussi à des examens.

un domestique : un employé qui travaille dans une famille et s'occupe des choses de la maison.

s'échapper : tromper celui qui vous garde et s'en aller très vite.

une espèce de : une sorte de.

exactement : de façon tout à fait pareille.

glisser : passer sur quelque chose ou dans quelque chose très légèrement, sans frotter.

la haine : le contraire de l'amour. On a de la *haine* pour ses ennemis.

imprudent : qui ne fait pas assez attention au danger.

une information : ce qui nous *informe*, nous apprend du nouveau sur quelque chose : les journaux, la radio donnent des *informations* sur les sports, la politique, etc.

inquiet : dont l'esprit n'est pas tranquille, qui pense que quelque chose de mal va arriver.

être inquiété : avoir des ennuis avec la police ou la justice.

une inquiétude : ce que sent une personne inquiète, qui a un peu peur.

un inspecteur de police : un policier qui aide le commissaire.

l'intelligence : la pensée ; ce qui fait que nous sommes différents des animaux.

interroger : poser des questions. Le professeur *interroge* l'élève.

des jouets :

être le jouet de quelqu'un : se laisser commander.

un journaliste : celui qui écrit dans un journal.

un laboratoire : un atelier où travaillent les hommes de science.

une liste : des mots ou des noms mis les uns au-dessus des autres.

maladroit : qui n'est pas adroit.

des menottes :

un ministre : une personne qui fait partie du gouvernement d'un pays et qui est placée à la tête d'un service important. Ex. : le *ministre* de l'Intérieur, le *ministre* des Finances.

normal : qui va bien, qui est comme il faut. Il a une vue *normale*, il n'a pas besoin de lunettes.

une note écrite : un papier où l'on a écrit des informations*, des ordres : j'ai pris *note* de votre adresse — j'ai *noté* votre adresse.

obéir : faire ce qui est commandé : il faut *obéir* à la loi.

l'orgueil : le défaut de l'orgueilleux qui veut dépasser tout le monde.

un orgueilleux : celui qui se croit plus fort, plus intelligent, plus beau que les autres.

pâle : qui n'a presque plus de couleur.

une pantoufle : une chaussure légère pour la maison.

un passant : celui qui marche — qui passe — dans la rue.

il se passe quelque chose : Il y a quelque chose de nouveau ; quelque chose d'intéressant se fait ou va se faire.

un pistolet : voir page 91.

une plaisanterie : quelque chose qu'on fait ou qu'on dit pour faire rire.

un plan : une note qu'on écrit avant de faire un travail pour en donner les grandes parties. C'est quelquefois un dessin : le plan d'une maison, d'un moteur.

le poignet : la partie du bras juste avant la main.

la Police judiciaire : bureau de police qui étudie les affaires avant de les donner au juge d'instruction, qui lui-même les passe au tribunal. A Paris, la P. J. est au bord de la Seine, quai des Orfèvres.

pourtant : mot qui sert à présenter une idée qui étonne après ce qui a été dit.

la prison : la maison de justice où l'on enferme les coupables.

un psychiatre : un médecin qui soigne les fous.

la psychologie : la science qui essaie de savoir comment

93

marche le cerveau et la pensée.

un régisseur : dans les châteaux ou les grandes propriétés, celui qui surveille les employés et les fermiers.

un ressort :

un rôle : ce que fait et dit une personne qui joue au théâtre ou au cinéma.

un secret : quelque chose qu'on est seul à savoir et qu'on ne doit pas dire.

semblable : pareil.

serpent :

silencieux : qui se tait, qui fait silence.

souffrir : avoir très mal. Sa dent malade le fait *souffrir*.

une souris :

la sueur : ce qui coule sur notre peau quand nous avons très chaud et que nous *suons*.

surveiller : garder les yeux ouverts pour voir si tout se passe bien : je *surveille* le lait sur le feu ; le policier *surveille* le prisonnier.

un suspect : quelqu'un qui semble coupable mais qui ne l'est peut-être pas.

tendre un piège :

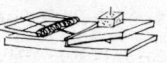

tirer un coup de pistolet :

une victime : celui à qui on a fait du mal. Ici, l'assassin et sa femme ont fait six victimes.

94

Table des matières

Des journalistes très curieux 5
Les idées du professeur Tissot 15
Un quartier bien surveillé 25
L'attaque 43
Maigret cherche une veste 53
La veste est retrouvée 62
La victime qu'on n'attendait pas 69
Maigret comprend et gagne 78

Exercices 86
Lexique 90

Toutes les photos de cet ouvrage proviennent de la Cinémathèque Française et sont tirées du film de Jean Delannoy : *Maigret tend un piège.*

couverture : maquette de Gilles Vuillemard.
photo : Paris, Montmartre.
De Sazo / Rapho.

Imprimé en France par Ouest Impressions Oberthur - 35000 Rennes - N°1436
Dépôt légal N°6800.09.1993 - Collection N°01 - Edition N°18

15/4176/2